essentials

Essentials liefern aktuelles Wissen in konzentrierter Form. Die Essenz dessen, worauf es als „State-of-the-Art" in der gegenwärtigen Fachdiskussion oder in der Praxis ankommt. *Essentials* informieren schnell, unkompliziert und verständlich

- als Einführung in ein aktuelles Thema aus Ihrem Fachgebiet
- als Einstieg in ein für Sie noch unbekanntes Themenfeld
- als Einblick, um zum Thema mitreden zu können

Die Bücher in elektronischer und gedruckter Form bringen das Fachwissen von Springerautor*innen kompakt zur Darstellung. Sie sind besonders für die Nutzung als eBook auf Tablet-PCs, eBook-Readern und Smartphones geeignet. *Essentials* sind Wissensbausteine aus den Wirtschafts-, Sozial- und Geisteswissenschaften, aus Technik und Naturwissenschaften sowie aus Medizin, Psychologie und Gesundheitsberufen. Von renommierten Autor*innen aller Springer-Verlagsmarken.

Massimo Longo Adorno

Kleine Geschichte des modernen Italien

Springer VS

Massimo Longo Adorno
Patti, Italy

ISSN 2197-6708 ISSN 2197-6716 (electronic)
essentials
ISBN 978-3-658-50852-4 ISBN 978-3-658-50853-1 (eBook)
https://doi.org/10.1007/978-3-658-50853-1

Die Deutsche Nationalbibliothek verzeichnet diese Publikation in der DeutschenNational bibliografie; detaillierte bibliografische Daten sind im Internet über https://portal.dnb.de abrufbar.

Springer VS ist ein Imprint der eingetragenen Gesellschaft Springer Fachmedien Wiesbaden GmbH und ist ein Teil von Springer Nature.
Die Anschrift der Gesellschaft ist: Abraham-Lincoln-Str. 46, 65189 Wiesbaden, Germany

Was Sie aus diesem *essentials* mitnehmen

- Eine kompakte Übersicht der italienischen Geschichte vom Risorgimento bis in die Gegenwart
- Die Spannungsfelder zwischen nationaler Einheit und innerer Fragmentierung
- Die politische, gesellschaftliche und wirtschaftliche Entwicklung Italiens im europäischen Kontext
- Eine mediterrane Perspektive auf europäische Identität und geopolitische Herausforderungen

Competing Interests Der/die Autor*in hat keine relevanten Interessenskonflikte im Zusammenhang mit dieser Publikation.

Inhaltsverzeichnis

Über den Autor

Massimo Longo Adorno ist freischaffender Historiker und Verfasser mehrerer Bücher zu Finnland und anderen Themen im Bereich der internationalen Beziehungen, Diplomatie und Militär. Parallel dazu leitet er seinen landwirtschaftlichen Familienbetrieb und verantwortet ein eigenständiges Kulturprojekt.

Abkürzungsverzeichnis

AN	*Alleanza Nazionale*
DC	*Democrazia italiana (Christdemokraten)*
INPS	*Istituto nazionale per prevenzione sociale (Nation. Institut f. soziale Vorsorge)*
IRI	*Istituto per la Ricostruzione Industriale (Institut für industriellen Wiederaufbau)*
NATO	*North Atlantik Treaty Organization*
PCI	*Partito Comunista Italiano (Kommunistische Partei Italiens)*
PDS	*Partito Democratico della Sinistra (Linksdemokratische Partei)*
PSI	*Partito Socialista Italia (Sozialistische Partei Italiens)*

Die italienische Identität im Risorgimento

1

Italien war lange Zeit mehr Idee als Realität – ein kulturelles und geistiges Konstrukt, dessen künstlerischer und intellektueller Reichtum kaum mit der Lebenswirklichkeit seiner Bewohner in Einklang zu bringen war. Erst das Risorgimento eröffnete eine neue Perspektive auf Land, Volk und Staat: Die Vorstellung von der Nation rückte ins Zentrum. Doch diese Vorstellung stieß auf Widerstand, vor allem vom Papst. Das geschickte Agieren des „italienischen Bismarck", Cavour, eröffnete Italien den Weg zum Nationalstaat.

1.1 Die Protagonisten des italienischen Risorgimento

Die Französische Revolution, die am 14. Juli 1789 begann, hatte Auswirkungen auf ganz Europa und damit auch auf die italienische Halbinsel. Dort markierte sie einen tiefgreifenden politischen und kulturellen Umbruch, der die Grundlage für das spätere Risorgimento legte. Die Jahre zwischen dem letzten Jahrzehnt des 18. Jahrhunderts und den ersten beiden Jahrzehnten des 19. Jahrhunderts gelten daher als entscheidende Phase für die Herausbildung moderner politischer Vorstellungen in Italien. Bereits am 26. August 1789, nur Wochen nach dem Sturm auf die Bastille, wurde die *Déclaration des droits de l'homme et du citoyen* verkündet. Ihr Artikel 3 formuliert klar: „Der Ursprung jeder Souveränität ruht letztlich in der Nation." (Franz 1833). Damit rückte das Prinzip der Volkssouveränität ins Zentrum des politischen Denkens; ein Bruch mit dem alten dynastischen Staatsverständnis, das bis dahin legitimierende Kraft aus göttlichem oder erblichen Recht bezogen hatte. Von diesem Moment an wurde die Nation zum zentralen Bezugspunkt europäischer Narrative – sowohl bei den Anhängern der Revolution als auch bei deren

M. Longo Adorno, *Kleine Geschichte des modernen Italien*, essentials, https://doi.org/10.1007/978-3-658-50853-1_1

1

Gegnern. Dieses neue Selbstverständnis überdauerte selbst den Zusammenbruch des napoleonischen Kaiserreichs. Napoleon, obwohl Erbe revolutionärer Ideale, verwandelte sich in einen Träger eines paradoxen „revolutionären Imperialismus": Während er im Namen der Revolution herrschte, unterdrückte er zugleich die nationalen Bestrebungen vieler europäischer Völker.

Das aus der Französischen Revolution hervorgegangene neue Verständnis von nationaler Identität, das sich aus einem positiven Bezug auf die Nation speiste, sich aber zugleich gegen ihre Vereinnahmung durch den französischen Imperialismus wandte, fand seinen Ausdruck in verschiedenen antinapoleonischen Bewegungen: in der spanischen Erhebung von 1808 ebenso wie in den Aufständen, die 1813 nach dem Rückzug der Grande Armée aus Russland in Deutschland entflammten. Auch auf der italienischen Halbinsel formierte sich in diesem Kontext politischer Widerstand, etwa durch die Entstehung erster Geheimbünde wie der Freimaurerlogen oder der Carbonari, die erstmals politische Programme mit nationaler Stoßrichtung entwickelten (Mola 1994). Die politische Ordnung, die nach dem Wiener Kongress 1815 unter dem Schlagwort der Restauration etabliert wurde, konnte diesem Wandel langfristig nicht standhalten. Der Versuch, das neu entstandene Nationsprinzip in die engen Strukturen der vormodernen, dynastisch legitimierten Staatenwelt zurückzuzwingen, blieb ein Anachronismus. Vielmehr griffen revolutionäre Ziele und Dynamiken um sich, die mit dem Alten nicht kompatibel waren. Bereits in der ersten Hälfte des 19. Jahrhunderts befand sich dieses politische Konstrukt auf dem gesamten Kontinent in einer schweren Krise. Der sogenannte „Völkerfrühling" von 1848 war ein großer letzter Ausdruck davon.

Zwischen den 1820er- und 1840er-Jahren war Italien ein Flickenteppich monarchischer Kleinstaaten, deren gemeinsamer Nenner die faktische Abhängigkeit von der habsburgischen Kaiserfamilie war, den eigentlichen Schutzherren des Landes (Banti 2011). Im Rahmen des Prozesses politischer Neuordnung lassen sich bereits die wichtigsten politischen Protagonisten des italienischen Risorgimento identifizieren.

Giuseppe Mazzini (1805–1872) war die prägende Figur des italienischen Risorgimento, die stark von den republikanisch-demokratischen Idealen der Französischen Revolution beeinflusst war. Seine Kernkonzepte waren die Nation als Volksgemeinschaft und die republikanische Überzeugung, dass eine Republik nach dem Vorbild der USA und der Schweiz die ideale Staatsform für ein geeintes Italien sei. Angesichts der Zersplitterung Italiens in lokale Monarchien unter habsburgischem Einfluss sah Mazzini dies als Haupthindernis für die nationale Einheit.

Giuseppe Garibaldi (1807–1882), ein Mann der Tat und Anhänger Mazzinis, wurde durch seine militärischen Erfolge in Südamerika und Italien zur populärsten Figur des Risorgimento, auch international. Seine Rolle als heldenhafter Anführer trug maßgeblich zur Bekanntheit der italienischen Einigungsbewegung im Ausland bei. Nach 1848 führte die gescheiterte republikanische Bewegung zum Bruch zwischen Mazzini und Garibaldi.[1]

Camillo Benso, Graf von Cavour (1810–1861), der italienische Bismarck, verkörperte den politischen Realismus der nachnapoleonischen Ära. Er bezweifelte die Fähigkeit des Volkes zur selbstständigen nationalen Einigung.

1.2   Die wichtigen Strömungen des Risorgimento in Theorie und Praxis

In den 1830er- und 1840er-Jahren entwickelte sich die Debatte über den Weg zur nationalen Einigung Italiens im Wesentlichen entlang dreier theoretisch-politischer Strömungen:

1. Das Neoguelfentum, vertreten vor allem durch Vincenzo Gioberti,[2] sah in der katholischen Kirche und insbesondere im Papst die zentrale Integrationsfigur für ein geeintes Italien. Der Plan sah eine Konföderation unter päpstlicher Führung vor, verbunden mit der Hoffnung, der Papst werde sich aktiv gegen den politischen Status quo stellen. Diese Erwartung erwies sich jedoch als trügerisch: Spätestens nach den Ereignissen von 1848–1849 zeigte sich, dass Papst Pius IX. zu den entschiedensten Gegnern der nationalen Bewegung zählte.
2. Der Republikanismus, vor allem durch Giuseppe Mazzini verkörpert, betonte die aktive Rolle des Volkes. Für Mazzini lag der Schlüssel zur Einigung im Volksaufstand, der sowohl die alten Dynastien stürzen als auch zu Italiens Einigung führen sollte. Die Revolutionen von 1848–1849 jedoch offenbarten die Grenzen dieser Strategie und führten zu einer Distanzierung zwischen Mazzini und Garibaldi.

---

[1] Schon in der ersten Hälfte des 20. Jahrhunderts übte die Figur Garibaldis eine starke Anziehungskraft auf ausländische politische Gruppen aus, die dem Risorgimento-Prozess feindlich gegenüberstanden. Es genügt zu sagen, dass die Kommunistische Partei Italiens während des Widerstands ihre bewaffneten Formationen Garibaldi-Brigaden nannte. Die Figur Garibaldis war damals das Symbol der Volksfront, Kommunisten + Sozialisten bei den politischen Wahlen vom 18. April 1948.

[2] Vincenzo Gioberti (1801–1852) war von 1848 bis 1849 Premierminister des Königreichs Sardinien. Er skizzierte in seinem berühmtesten Werk den moralischen und bürgerlichen Vorrang der Italiener. Seine Vision von Italien war eine freie Föderation von Königreichen unter der Schirmherrschaft des Papstes. Seine politische Vision hielt den Ereignissen von 1848–1849 als erster Unabhängigkeitskrieg jedoch nicht stand.

3. Der dynastische Realismus, wie ihn Camillo Benso di Cavour vertrat, setzte auf das Königreich Sardinien und das Haus Savoyen als Motor der Einigung. Nur eine von oben geführte Lösung erschien aus dieser Perspektive realistisch und durchsetzbar.

Die Ereignisse von 1848–1849 besiegelten das Scheitern der neoguelfischen und republikanischen Optionen und bestätigten den dynastischen Realismus Cavours als einzigen gangbaren Weg zur italienischen Einigung. Der erste Unabhängigkeitskrieg (1848–1849) endete zwar mit einer Niederlage für Carlo Alberto von Sardinien, demonstrierte aber den Willen des Hauses Savoyen zur nationalen Einheit und zur Emanzipation von Habsburg. Unter Cavours Führung als Ministerpräsident und in Zusammenarbeit mit Vittorio Emanuele II. gelang die Einigung Italiens durch geschickte Außenpolitik (Bündnis mit Frankreich, Eroberung der Lombardei 1859) und militärische Erfolge im Inneren (Eroberung Süditaliens und Kirchenstaates 1860). Am 11. März 1861 wurde das Königreich Italien in Turin proklamiert. Venetien und Rom blieben jedoch aufgrund österreichischen bzw. französischen Vetos ausgeschlossen. Die vollständige Einigung erfolgte im Kontext mit den preußisch-österreichischen bzw. preußisch-französischen Konflikten: 1866 durch den Beitritt Venetiens nach dem Dritten Unabhängigkeitskrieg an der Seite Preußens und 1870 durch die Einnahme Roms nach der französischen Niederlage bei Sedan, wodurch Rom zur Hauptstadt des Königreichs Italien wurde, und die weltliche Macht des Papstes endete.

Cavours Rede vom 11. März 1861 vor dem ersten italienischen Parlament betonte die Wiedererlangung der Würde der italienischen Nation nach Jahrhunderten der Fremdherrschaft und interner Zerrissenheit. Er hob die Einheit durch Abstammung, Sprache, Religion, gemeinsame Leiden und die Hoffnung auf vollständige Erlösung hervor, die nun in geeinten Institutionen ihren Ausdruck finde. Das italienische Risorgimento war kein rein politisches, sondern eher ein politisch-kulturelles Paradigma mit Literatur, Sprache und Musik und seinen politischen Ausdrucksformen. Angesichts der sprachlichen Vielfalt Italiens mit über 65 Dialekten spielte die Schaffung einer gemeinsamen Sprache und eines gemeinsamen kulturellen Erbes eine wichtige Rolle. Alessandro Manzoni (1785–1873) leistete hier einen entscheidenden Beitrag mit seinem historischen Roman „I promessi sposi" (Die Verlobten), der das erste bedeutende literarische Werk in der florentinischen Sprache, dem zukünftigen Italienisch, darstellte (Manzoni 1995). In seiner Bedeutung für das 19. Jahrhundert entsprach dieser Roman Dantes „Göttlicher Komödie" für das 14. Jahrhundert. Auch Manzonis Tragödie „Adelchi" (Manzoni 1997) und das Gedicht „5. Mai 1821" zum Tod Napoleons zeugen von einem starken Risorgimento-Gedanken (Banti 2011, S. 18). Als musikalische Referenz für das Risorgimento darf Giuseppe Verdi (1813–1901) nicht fehlen. Seine Opern trugen maßgeblich zur Entwicklung eines gemeinsamen musikalischen und politischen Bewusstseins in Italien bei und stellten ihn auf eine Stufe mit Wagner und Sibelius. Sowohl Manzoni als auch Verdi wurden später Senatoren des Königreichs Italien. Die Notwendigkeit eines gemeinsamen nationalen Bewusstseins in einem zuvor zersplitterten Italien wird in einem politischen Wörterbuch der 1850er-Jahre aus Turin unter dem Stichwort „Patria" (Vaterland) deutlich, das die Heimat als Ort der Geburt, der Erziehung, der Familiengräber und tiefster Gefühle definiert und die Liebe zum Vaterland mit der Liebe zur Familie und zur regionalen Identität verknüpft. Es betont die besondere Bedeutung des Wortes „Patria" für Italiener und die Notwendigkeit von Freiheit und Einheit, um diese Patria wirklich zu lieben. Ein abschließender Auszug aus Edmondo De Amicis' Bildungsroman „Cuore" (Herz 1886), der diese persönliche Verbundenheit mit Italien darstellte, findet sich in den familiären Wurzeln, Sprache, der Kultur und Gemeinschaft sowie der Schönheit des Landes und drückt sich auch in der Bereitschaft aus, für dieses Vaterland im Angesicht einer Bedrohung zu kämpfen. Die vielfältigen wertorientierten Implikationen des Heimatbegriffs traten in den Jahrzehnten nach 1870 und noch deutlicher zu Beginn des neuen Jahrhunderts zutage.

Der Staat kann aus dem Bedürfnis seiner zukünftigen Mitglieder aus unterschiedlichen Gründen heraus entstehen und gefördert werden. Im Fall Italiens wurde das Projekt „Italia" zwar gefördert, doch schien die Bevölkerung noch nicht zu dem Projekt zu passen.

Nationale Identität in der ersten Hälfte des 20. Jahrhunderts

2

Italien war also entstanden, aber es fehlten noch die Italiener, vor allem die überzeugten Italiener. Mit den nationalen Ein- und Abgrenzungen und dem langsamen Wachsen einer italienischen Nation befasst sich dieses Kapitel.

2.1 Nationalistisches Italien und Erster Weltkrieg

Das zwischen 1861 und 1870 gegründete Italien wies spezifische Merkmale auf, die sich nach einer europäischen Typologie aufschlüsseln lassen. Der Norden (von Mailand und Turin bis zum südwestlichen Rand der Poebene) ähnelte trotz Problemen wie Analphabetismus und Unterernährung in vielen Aspekten Mittel- und Nordeuropa. Dagegen entsprachen die Lebens- und Entwicklungsbedingungen im Süden (von Rom bis Kalabrien) denen osteuropäischer Gebiete unter zaristischer und osmanischer Herrschaft, während Sizilien und Sardinien an das Spanien des 19. Jahrhunderts und nordafrikanische osmanische Provinzen erinnerten.[1]

Die Führung eines politisch, sozial und wirtschaftlich so heterogenen Landes war eine immense Herausforderung. Die liberale Elite, die Cavours Nachfolge antrat, war zwar nicht fehlerfrei, doch es ist fraglich, ob eine andere europäische politische Klasse unter ähnlichen Bedingungen erfolgreicher gewesen wäre. Die Führung des politisch, sozial und wirtschaftlich vielfältigen Italien war also eine große Herausforderung für die liberale Elite, die nach Cavour kam. Die zwei gravierendsten inneren Probleme des jungen Staates waren die wirtschaftliche Entwicklung und die öffentliche Ordnung in den ehemals bourbonischen Südprovinzen, deren

---

[1] Ausführen. Note 14 im Original.

M. Longo Adorno, *Kleine Geschichte des modernen Italien*, essentials, https://doi.org/10.1007/978-3-658-50853-1_2

Hauptausdruck das Banditentum war. Hinsichtlich der Wirtschaft setzten die regierenden Politiker auf eine beschleunigte Industrialisierung durch den Aufbau einer Schwerindustrie, was im sogenannten „Industriedreieck" (Mailand, Turin, Genua) zu bedeutendem Wachstum führte. Dies benachteiligte jedoch die agrarisch geprägten südlichen und Inselregionen, die unter Produktionszöllen litten, mit denen andere europäische Länder auf die protektionistische Industriepolitik Italiens reagierten. Die Hauptfolge war eine massive Auswanderung aus diesen Regionen, vor allem nach Übersee. Die herrschende Klasse des vereinten Italiens, die aus liberalen Politikern bestand, entschied sich bei der Wahl zwischen kapitalistischer Akkumulation und sozialer Integration klar für das erste Modell. Was das zweite Problem der öffentlichen Ordnung in den südlichen Provinzen betrifft, so engagierte sich der neue italienische Staat maßgeblich im Krieg gegen das „Brigantentum", der zwischen den 1860er- und 1870er-Jahren des 19. Jahrhunderts fast ohne Unterbrechung stattfand. Die harte Bekämpfung galt auch dem Versuch einer Wiederherstellung alter Ordnungen und um die zwischen 1859 und 1860 auf dem Schlachtfeld erzielten politischen und militärischen Erfolge in Frage zu stellen. Er nahm auf beiden Seiten häufig die Form wahlloser Gewalt an. Allerdings konnte man schon in der ersten Hälfte der siebziger Jahre des 19. Jahrhunderts sagen, dass das Problem der öffentlichen Ordnung langsam geringer wurde, wenn auch nur bedingt.

Von 1861 bis 1876 war der Großteil der herrschenden Politiker Italiens ideologisch bei der „historischen Rechten" angesiedelt. Gemeint ist damit der von Cavour beeinflusste rechte Flügel der Liberalen, der von 1848 bis 1861 den Risorgimento-Prozess angeführt hatte. Es war eine bedeutende Strömung von Politikern, die bestimmte politische Grundüberzeugungen teilte, wozu auch die Nichtbeachtung regionaler Zugehörigkeit zählte, sei es aus Proporzgründen oder Gründen von Ethnizität und/oder Dialekt. Diese Strömung war sich der inneren Fragilität des neuen Staates durchaus bewusst. Umso mehr zählte die Entschlossenheit, die auf diesem Gebiet bereits erzielten politischen Ergebnisse mit Festigkeit und Brutalität zu verteidigen. Das politische Monopol der „Historischen Rechten" endete 1876 mit Agostino Depretis, einem ehemaligen Anhänger Cavours mit einer starken Verortung in der „historischen Linken". Sein Hauptziel war die Erweiterung des gesellschaftlichen Konsenses für den aus dem Risorgimento hervorgegangenen Staat und eine Neuausrichtung der Außenpolitik.

Der junge italienische Staat hatte sowohl interne als auch externe Feinde, die sich gegenseitig unterstützten. Intern waren die Katholiken die größten Gegner, da sie die Legitimität des neuen Staates, der auf dem ehemaligen Kirchenstaat errichtet worden war, nicht anerkannten. Nach der Einnahme Roms 1870 erklärte sich der Papst zum „Gefangenen des italienischen Staates" und rief mit der Enzyklika „Non Expedit" die Katholiken zur Nichtteilnahme am politischen Leben des neuen Staates auf (Romano, 2001). Dies führte dazu, dass die Wahlen, ein zentrales Element der Demokratie, von der Mehrheit der Bevölkerung, die in ganz Italien katholisch war, faktisch ignoriert wurden. Der Papst schürte weitere Spannungen, indem er Allianzen in den katholischen Nachbarländern Italiens suchte, also bei Ländern, die dem Risorgimento alles andere als wohlwollend gegenüberstanden. In erster Linie war dies das Österreichisch-Ungarische Reich und Frankreich. Gleiches galt für entthronte Dynastien während des Risorgimento, die jeweils eine beachtliche Zahl von Anhängern behielten. Dies waren nicht zuletzt jene Nostalgiker, die der Bourbonen-Dynastie nachtrauerten, die in den 1860er- und 1870er-Jahren eine Vorreiterrolle bei der Förderung des Banditentums spielte. Neben dieser Opposition, allgemein „Schwarze Opposition" genannt, gab es weitere Antagonisten gegen den italienischen Staat, die genauso gefährlicher oder sogar noch gefährlicher waren: die sogenannte „Rote Opposition", typischerweise verbunden mit politischen Unruhen in rückständigen Ländern. Daraus erwuchs eine breite anarchistische Bewegung, die jede staatliche Gültigkeit leugnete und in allen Teilen des Landes zahlreiche Anhänger dafür fand, vor allem aber in den zentral- und norditalienischen Gebieten der Halbinsel, die auch wirtschaftlich am weitesten entwickelt waren. Hinzu kam der schnelle Industrialisierungsprozess im Nordwesten Italiens und die Bildung einer städtischen Arbeiterklasse, die in Fabriken und Werften tätig war. Hier fand Marx, der energisch den Sturz jeglicher Staatsstruktur der Bourgeoisie forderte, relativ breiten Zuspruch. Die sich so herausbildende Arbeiterbewegung erfolgte 1882 parteipolitisch als Geburt der Sozialistischen Partei Italiens, die schnell eine Rolle als Einheitspartei der Arbeiterklasse annahm. Die Partei orientierte sich an der SPD Deutschlands.

Die historische Linke regierte ein Land, dessen Mehrheit, katholisch geprägt, ebenso wie die organisierte sozialistische Bewegung die Legitimität des neuen Staates grundsätzlich infrage stellte. Diese innere Spannung hatte erhebliche außenpolitische Folgen: Das Königreich Italien wurde von vielen europäischen Staaten mit Misstrauen, teils offener Ablehnung betrachtet und als provisorisches Gebilde ohne langfristige Perspektive eingeordnet. So war Italien nicht nur innenpolitisch umstritten, sondern auch international isoliert. In den ersten zwanzig Jahren nach der Einigung dominierte die innenpolitische Konsolidierung. Außenpolitische Fragen spielten kaum eine Rolle, auch aufgrund des kollektiven Traumas militärischer Niederlagen, etwa im Dritten Unabhängigkeitskrieg von 1866. Vor allem die vernichtende Seeschlacht von Lissa blieb als Symbol der militärischen Schwäche im Gedächtnis der liberalen Führungsschicht haften (Chabod, 1951, S. 194). Die politische Schwäche und diplomatische Naivität Italiens traten beim Berliner Kongress von 1878 offen zutage. Während andere Großmächte ihre Interessen durchsetzen konnten, ging Italien leer aus und geriet außenpolitisch in eine deutliche Isolation. Der Tiefpunkt folgte 1879, als Frankreich trotz italienischer Hoffnungen darauf die Kontrolle über das osmanische Tunesien erhielt, in dem rund 20.000 meist sizilianische Italiener lebten. In Italien löste dies tiefe Enttäuschung und beinahe panische Reaktionen innerhalb der politischen Elite aus. Die Rechte hielt sich dabei an Cavours realpolitisches Erbe, während die Linke sich von Mazzinis Idee einer „Sendung der Nation" leiten ließ: Italien, Trägerin einer großen zivilisatorischen Vergangenheit, sei dazu bestimmt, seine historische Rolle als kulturelle und politische Führungsmacht Europas wiederaufzunehmen. Diese Vorstellung verband sich zunehmend mit kolonialen Ambitionen, nicht zuletzt verbunden mit dem Wunsch, durch die Expansion im Mittelmeer an die vermeintliche Größe Roms anzuknüpfen. Dies war offensichtlich eine unrealistische Sicht auf die Dinge, denn Frankreich drohte nun, militärisch gegen Italien vorzugehen, um seine Interessen in Tunesien zu schützen. So geriet die italienische Regierung unter Depretis und den anderen Vertretern der Linken, die den Ideen Mazzinis im Bereich der Außenpolitik und der nationalen Interessenspolitik folgten, in Panik. Der Verlust Tunesiens wurde als Bedrohung der Unantastbarkeit der nationalen Identität erlebt und ging mit der diplomatischen Isolation einher, die während des Berliner Kongresses stattfand, jenem Kongress, von dem oben schon die Rede war und der vom 13. Juni bis 13. Juli 1878 in Berlin mit dem Ziel stattfand, den Vertrag von San Stefano zu korrigieren, mit dem das zaristische Russland das Osmanische Reich als Hegemonialmacht auf der Balkanhalbinsel ablöste. Darin wird die Geburt Serbiens, Montenegros, Bulgariens und Rumäniens als von der osmanischen Herrschaft unabhängige Länder verzeichnet. Da war es wieder: das Gefühl der Unsicherheit, das die herrschende Klasse Italiens in sich trug, verborgen, aber vorhanden.

Die Feinde der italienischen Einheit blieben aktiv. Der Papst verurteilte den Staat weiterhin als Teufelswerk, abgesetzte Herrscher hofften auf Restauration, Österreich beklagte den Verlust von Lombardei und Venetien, und katholische Mächte hätten nicht gezögert, sich und den Papst wieder ganz oben einzusetzen. Frankreich schien seine Unterstützung für die der Einigung zu bereuen. Und die Unzufriedenheit der Arbeiter wuchs beträchtlich. Ein Zusammenschluss dieser internen und externen Feinde wären für das geeinte Italien eine erhebliche Gefahr gewesen. Um diese Situation zu überwinden, musste Italien außenpolitische Entscheidungen treffen. So trat Italien am 20. Mai 1882 dem Dreibund mit Deutschland und Österreich-Ungarn bei. Dieser Schritt schien überraschend angesichts der bisherigen schlechten Beziehungen zu Wien und der Rolle Deutschlands im Risorgimento. Faktisch aber war es eine logische und notwendige Entscheidung. Italien verbündete sich mit einem Land, das seine Errungenschaften sichern wollte

(Deutschland), und einem anderen Land, das nationale Bewegungen eindämmen wollte (Österreich-Ungarn). So durchbrach Italien den Kreis äußerer Bedrohungen und schützte sich vor inneren Feinden wie Katholiken und Sozialisten. Der Dreibund, ursprünglich zur Verteidigung gedacht, entwickelte sich auch zu einem konservativen Schutz gegen soziale Unruhen und ermöglichte deutsche Kapitalzuflüsse zur Finanzierung der beginnenden Industrialisierung. Bis 1915 war das Kapital, das die Entstehung des italienischen Bankensystems ermöglichte, fast ausschließlich deutsch. Allerdings musste dafür ein Preis bezahlt werden, und die italienische Regierung bezahlte ihn, nicht zuletzt mit dem Verzicht auf die Provinzen Trento und Triest. Ein schmerzhafter Verzicht, den die herrschende Klasse Italiens nur widerwillig hinnahm und der in Bezug auf das Gleichgewicht nicht folgenlos blieb. Depretis politisches Erbe ist von Widersprüchen gekennzeichnet. Einerseits hinterließ er ein Land, das stärker in den Kontext der europäischen Mächte integriert war, als er es vorgefunden hatte. Andere Probleme blieben jedoch ungelöst und traten in den folgenden Jahrzehnten erneut auf. Dazu zählt das Verhältnis zu den Katholiken, die durch das päpstliche Verbot von der Teilnahme am politischen Leben des Landes ausgeschlossen waren, bis hin zu einer neuen parlamentarischen Opposition, die von nationalistischen und republikanischen Gärungen durchdrungen war. Hinzu kam eine sozialistische und Arbeiteropposition, die die Legitimität des Nationalstaats komplett in Frage stellte. Die beiden Vertreter der Linken, die danach die Regierung anführten, mussten sich dieser Probleme annehmen: Francesco Crispi und Giovanni Giolitti.

Für den Sizilianer Francesco Crispi, der in seiner Jugend ein begeistertet Anhänger Mazzinis und kompromissloser Republikaner war, bestand die einzige Möglichkeit, die gesellschaftliche Basis für die nationale Legitimität Italiens zu erweitern, darin, auf eine starke Exekutivgewalt in der Innenpolitik zurückzugreifen. Damit sollten sowohl die Kirche als auch die Sozialisten stärker eingehegt werden. Seine Vorbilder waren „starke Persönlichkeiten" wie Heinrich VIII. Tudor, Napoleon Bonaparte und vor allem Otto von Bismarck, dessen Zeitgenosse er war und den er neben seinem Mentor aus seiner Jugend immer als seine wahre politische Referenz betrachtete. In der Außenpolitik war Crispi ein Verfechter einer selbstbewussten Haltung Italiens. Doch genau diese Überzeugung führte ihn in eine Sackgasse. Als Crispi 1887 an die Macht kam, sah er sich sofort der Last eines doppelten Ausnahmezustands ausgesetzt. Einerseits herrschte der Zollkrieg mit Frankreich, der die italienischen Exporte in den damals drittgrößten Markt Europas und viertgrößten der Welt stark beeinträchtigte; andererseits vollzog sich vor allem im Süden und auf den Inseln ein Massenexodus, der aber in Wirklichkeit das ganze Land betraf. Um dieser doppelten Bedrohung zu begegnen, wollte Crispi ein selbstbewussteres Italien, das als Nationalstaates im Konzert der Nationen angemessen

Gehör fand. Er war überzeugt, dass ein mächtigeres Italien auf internationaler Bühne automatisch ein wohlhabenderes und gerechteres Italien im Inneren zur Folge hätte, insbesondere zugunsten der sozialen Schwächeren. Doch diese Vorstellung erwies sich als illusionär und fehlgeleitet. Nichts verdeutlicht seine politische Fehleinschätzung so klar wie das Telegramm, das er im April 1884 an den Gouverneur von Eritrea sandte, Italiens erste Kolonie in Ostafrika, kurz nachdem er die faschistischen Aufstände in seiner sizilianischen Heimat mit Gewalt hatte niederschlagen lassen. In dieser Depesche heißt es:

> „Das vorrangige Ziel unserer kolonialen Expansion ist die Schaffung eines geeigneten und weiten Raums für die Auswanderung aus unserem Land – ein Raum, den bislang andere Nationen nutzen und auch für ihren Handel ausbeuten. Um dieses Ziel von Beginn an nicht zu gefährden, müssen wir sicherstellen, dass die einheimische Besiedlung uns nicht den Weg versperrt und bei der Aneignung von Land, das zum großen Teil als verlassen gilt und dem freien Zugriff des Erstbesetzers unterliegt, keine übertriebene Gewissenhaftigkeit walten lassen." (Crispi, 1914, S. 272)

Mit Francesco Crispi nahm die Idee eines italienischen Kolonialreichs in Afrika erstmals konkrete Gestalt an – ein politischer Kurs, der Italien bis weit in die Zeit des Faschismus prägen sollte. Diese Entscheidung erwies sich sowohl unter Crispi selbst als auch später unter Mussolini als verhängnisvoll. Crispi gilt als zentraler Wegbereiter des italienischen Nationalismus; seine Gedanken wirkten über Persönlichkeiten wie Carducci, Pascoli, D'Annunzio und Marinetti bis hin zu Mussolini nach. Die militärische Niederlage in der Schlacht von Adua 1896, bei der italienische Truppen gegen eine äthiopische Armee unterlagen, erschütterte nicht nur das nationale Selbstbild, sondern führte auch zu einem Misstrauensvotum gegen Crispi im Parlament. Damit endete seine politische Laufbahn und es begann die Ära Giovanni Giolittis. Ein italienischer Publizist des 20. Jahrhunderts bezeichnete Crispi später als Vorläufer Mussolinis, während er in Giolitti eine Art Vorläufer De Gasperis sah. Giolitti trat sein Amt in einer Zeit an, in der sich Italien sowohl innen- als auch außenpolitisch in einer tiefen Krise befand. Die direkten Nachfolger Crispis, Rudinì und Pelloux, hatten mit den Nachwirkungen von Adua zu kämpfen. Die Niederlage war umso beschämender, als Italien den Feldzug ohne Unterstützung seiner Partner aus dem Dreibund unternommen hatte. Dass eine afrikanische Armee europäische Truppen besiegen konnte, erschütterte das Vertrauen in das italienische Militär und hinterließ ein Imageproblem, das sich bis zum Ersten Weltkrieg fortsetzte.

Im Inneren des Landes war die Lage sogar noch angespannter. Zwischen Ende 1897 und Anfang 1898 stiegen die Brotpreise dramatisch. Eine weltweite Missernte verschärfte die prekäre wirtschaftliche Situation, die schon länger andauerte.

In der Folge kam es in vielen Städten zu massiven Protesten gegen die steigenden Lebenshaltungskosten. Sie waren Ausdruck sozialer Spannungen, die das Land an den Rand der Unregierbarkeit brachte. Die italienische Regierung befürchtete 1897 einen sozialistischen Wahlsieg und war deswegen äußerst besorgt. Überall formierten sich revolutionäre Gruppen und Strömungen, die im folgenden Jahr das Land von Norden nach Süden, von Apulien bis zu den Marken, von der Toskana bis zur Romagna erfassten, und die in Mailand ihren Höhepunkt erreichten. Die Aussicht auf einen Aufstand in der Industriehauptstadt Italiens versetzte die Politiker in Angst und Schrecken, vor allem wenn sie an die die Pariser Kommune von 1870 dachten. Die Reaktion war deshalb heftig mit Beschuss gegen die Barrikaden und ähnlichen Maßnahmen. Zudem wurden 110 Zeitungen geschlossen. Tausende katholische Vereine, Pfarrgemeindekomitees und sozialistische Verbände wurden aufgelöst und ihre Mitglieder verhaftet. Es gab auch einige Dutzend Tote.

Die Gegenantwort fand zwei Jahre später, im Juni 1900, statt, als der Anarchist Gaetano Bresci den italienischen König Umberto I. während einer Sportzeremonie im Park von Monza, einer Stadt am Stadtrand von Mailand, erschoss. Der neue Herrscher Vittorio Emanuele III. beauftragte den Altliberalen Giovanni Zanardelli mit der Bildung einer neuen Regierung. Hier begann die Ära Giovanni Giolitti, der zunächst als Innenministers in das Kabinett berufen wurde Dann wurde er mehrfach Ministerpräsident und begründete eine Ära, die 15 Jahre andauerte. Wenn man bedenkt, dass er zwischen 1901 und 1903 auch Innenminister und Marineminister war, also zwei wichtige Ministerien innerhatte, dann wird die Bedeutung dieses Mannes für Italien zu Beginn des 20. Jahrhunderts deutlich. Er gehörte neben Mussolini und Alcide de Gaspari zu den wichtigsten Ministerpräsidenten in der Geschichte Italiens im 20. Jahrhundert. Sein größtes Verdienst war sein Pragmatismus und sein Ziel, das liberale Italien als Produkt des Risorgimento gegen Katholiken und Sozialisten als Bestandteil der politischen Kultur zu etablieren. Giolitti agierte gegenüber den Sozialisten und ihren Ideen vom Klassenkampf mit großer Vorsicht, zögerte jedoch nicht, rote und schwarze Antagonisten gegeneinander auszuspielen, wenn die Umstände es ihm erlaubten. Dazu kam es beispielsweise beim großen Generalstreik des Jahres 1904, den Giolitti nicht mit Gewalt unterdrückte, auch wenn die katholische Bourgeoisie vor allem in Norditalien in Panik geriet und gegen das Veto des Papstes auf politische Teilnahme am (und im) verhassten Staat nun doch demonstrierend auf die Straße ging. Giolitti wusste, dass einige Anliegen der Sozialisten zur Verbesserung der Lebensbedingungen der Arbeiter berechtig waren, auch, um keine permanente Quelle der Unzufriedenheit zu sein. Die durch Armut verursachten Auswanderungen sah Giolotti eher positiv, denn dadurch konnte die Regierung eine große Zahl Unzufriedener loswerden, die dem italienischen Staat andernfalls noch sehr ernste Probleme hätten bereiten können. Die

Auswanderung aus Italien nach Amerika erreichte während der Giolitti-Ära ihren Höhepunkt. Gleichzeitig führte Giolittis Einführung des allgemeinen Wahlrechts für Männer 1912 das Land in die Moderne, allerdings in einem von Analphabetismus geprägten Kontext. Diese Ära prägte das Bild Italiens im 20. Jahrhundert in besonderem Maße. Die Kluft zwischen Nord- und Süditalien vertiefte sich. Der Norden erlebte eine massive Industrialisierung und den Ausbau von Infrastruktur und Dienstleistungen (z. B. Simplon-Tunnel, Mailänder Handelsmesse). Der Süden hingegen wurde wirtschaftlich vernachlässigt und war politisch vom Stimmenhandel dominiert. Er diente weiterhin als Reservoir für die Überseeauswanderung.

Giolitti verfolgte in der Außenpolitik einen pragmatischen, zurückhaltenden Kurs. Als verlässlicher Partner des Dreibundes bemühte er sich zugleich um gute Beziehungen zu dessen Gegenspielern Frankreich, Russland und Großbritannien. Auch wenn manche hierin eine frühe Form jener außenpolitischen Balance sehen, die Italien nach 1949 erneut anstrebte, war Außenpolitik für Giolitti kein identitätsstiftendes Projekt wie für Crispi. Vielmehr ordnete er sie der Stabilität der Innenpolitik unter. Ironischerweise war es jedoch gerade ein außenpolitisches Ereignis, das Giolittis Italien erschütterte und die Weichen für kommende Entwicklungen stellte. In dieser Zeit der tiefgreifenden Transformationen, also in den Jahren zwischen 1896 und 1905, durchlief Italien seine erste große Strukturkrise, während Europa eine Phase dynamischen Wachstums erlebte. Auch Italien trat nun in seine industrielle Revolution ein, wenn auch später als andere. Infrastruktur und Rechtsstaat wurden ausgebaut, ausländisches Kapital vor allem aus Deutschland und der Schweiz befeuerte die Industrialisierung des Nordens und trieb die Entstehung eines modernen Bankensystems voran. Mit der Ausweitung der industriellen Strukturen begann auch in Italien ein intensiver Urbanisierungsprozess, der das Land wie andernorts in Europa veränderte und neue soziale Prozesse in Gang setzte. Zwischen 1881 und 1911 stieg der Bevölkerungsanteil in Gemeinden mit mehr als 20.000 Einwohnern von 23 auf 31%, während der Bevölkerungsanteil in den größten städtischen Zentren des Landes, Mailand, Turin, Genua, Neapel und Rom im gleichen Zeitraum von 5 auf 8% sank. Der Industrialisierungsprozess nahm beträchtliche Ausmaße an. In der Lombardei betrug der Anteil der in der Industrie beschäftigten Bevölkerung 42%, in Ligurien 40% und im Piemont 30%. Die Industrialisierung hatte aufgrund ihrer inhärenten betrieblichen Merkmale als treibende Kraft eine Reduktion des Analphabetismus zur Folge, zumindest im nordwestlichen Teil der Halbinsel. Nun entstanden nach dem Vorbild Großbritanniens, Frankreichs und Deutschlands die großen nationalen und regionalen Tageszeitungen, die bis zum Ende des 20. Jahrhunderts bestehen sollten oder bis heute bestehen: der Corriere della Sera (1876), der Messaggero (1878), der Resto del Carlino, der Century XIX (1885) und Avanti (1896). Diese Zeitungen versuchten, das Bedürfnis nach Information, Kultur und nach Flucht aus dem Alltag der neuen Leserschichten zu erfassen und gleichzeitig Texte der neuen nationalen Literaturkultur anzubieten, die von Schriftstellern wie Pascoli, Carducci, Verga und D'Annunzio stammten oder von Philosophen und Essayisten wie Benedetto Croce und Gaetano Salvemini. Oder von Dramatikern und Künstlern wie Luigi Pirandello und Filippo Tommaso Marinetti. Hinzu kamen bekannte Journalisten wie Giuseppe Prezzolini, zudem ein pointierter Polemiker.

2.2 „Wir mögen dieses Italien nicht"

Ein gemeinsames Merkmal dieser unterschiedlichen Persönlichkeiten war ihre ständige Kritik an dem von Giolitti und seinen Kollegen und Gefährten in Italien geschaffenen politischen Modell. Dies agierte auch gedanklich getrennt vom adeligen Erbe des Risorgimento, war aber gleichzeitig nicht in er Lage, den Herausforderungen der Gegenwart gerecht zu werden. In Italien entstand so eine nationalistische Bewegung, die zwar zahlenmäßig klein, aber intellektuell einflussreich war, besonders in akademischen und staatlichen Kreisen. Selbst liberale Politiker wie Premierminister Luigi Luzzati erkannten ihren Einfluss an und versuchten, sich ihrer Rhetorik zu bedienen, indem sie die Helden des Risorgimento (Vittorio Emanuele II., Mazzini, Garibaldi, Cavour) als Schutzpatrone der Nation beschworen. Gleichzeitig gab es immer deutlichere Kritik an der Politik Giolittis. Die intellektuelle Zeitschrift „La Voce" unter Prezzolini äußerte in einem Leitartikel mit dem Titel „Wir mögen dieses Italien nicht" Unzufriedenheit. Gaetano Salvemini prangerte in seinem Buch „Der Minister der Unterwelt" (1910) die korrupten Wahlpraktiken und die Zusammenarbeit mit der Mafia der Giolitti-Regierung im Süden an. Auch Luigi Albertini vom „Corriere della Sera" und Gabriele D'Annunzio kritisierten Giolittis Politik scharf. Diese unterschiedlichen Strömungen zeichnen ein Bild des schwachen Italien jener Epoche, das an den politischen und sozialen Realitäten zu scheitern drohte. In diesem Klima holte die italienische Regierung unter Giolitti die Pläne zur Eroberung der osmanischen Provinzen Cyrenaika und Tripolitanien wieder hervor, mit deren Ausarbeitung der Generalstab der Armee in den 1890er-Jahren begonnen hatte. Das Osmanische Reich galt damals als der kranke Mann Europas, sowohl wegen seiner allgemeinen Rückständigkeit als auch wegen der irredentistischen und nationalistischen Ansprüche der ihm unterworfenen nichtmuslimischen Bevölkerung. In Wirklichkeit war es die Übernahme Marokkos durch Frankreich im Frühjahr 1911, die Giolitti zu diesem Vorhaben zwang. Hinzu kam die Besetzung Tunesiens in der zweiten Hälfte der 1870er-Jahre. Mit Unterstützung seiner Partner im Dreibund, Berlin und Wien, bezeichnete Giolitti am 7. Oktober 1911 in einer Rede im Teatro Regio in Turin den Krieg als ein historisches Verhängnis. Innenpolitisch waren die überzeugtesten Unterstützer des Libyen-Unternehmens die Nationalisten, die sich gerade (1910) als eine nationalistische Vereinigung gegründet hatten. Die entschiedensten Gegner waren die katholische Kirche und die Sozialisten, die im Protest gegen den Libyen-Krieg den Nährboden fanden, aus dem neuer und dynamischer Parteiführer hervorging: der junge Benito Mussolini.

Die Eroberung Libyens wurde auch als realistische Lösung für das Auswanderungsproblem dargestellt, das insbesondere in den südlichen und Inselregionen des Landes inzwischen große Ausmaße angenommen hatte. Der Krieg, den Italien gegen das türkische Reich um den Besitz Libyens und der osmanischen Provinzen Dodekanes, Rhodos und Korfu führte, war das erste größere militärische Unterfangen des neuen italienischen Staates seit 1866, wenn man die unglücklichen Kriegserfahrungen gegen Menelik im Jahr 1896 nicht mitzählt. Obwohl es den italienischen Streitkräften gelang, alle ihre Ziele zu erreichen, war der Krieg für die Italiener alles andere als ein Spaziergang. Tatsächlich griffen die Türken auf äußerst wirksame Guerillataktiken zurück, auch mit Hilfe der einheimischen arabischen Bevölkerung, die Nichtmuslimen gegenüber nicht wohlwollend eingestellt war. Obwohl Italien bereits im November 1911 die Cyrenaika und Tripolitanien annektiert hatte, dauerten die Kämpfe bis Ende 1912 an. Der Frieden von Lausanne im Oktober 1912 sicherte Italien die Kontrolle über diese Gebiete sowie den Dodekanes. Während türkische Truppen aus Libyen abzogen, setzte die arabische Bevölkerung ihren Guerillakrieg gegen die italienische Besatzung fort, der in wechselnden Intensitäten bis 1931 andauerte und Italien hohe Verluste bescherte.

Die Ereignisse des Sommers 1914 und der Ausbruch des Ersten Weltkriegs trafen Italien unvorbereitet. Das Land hatte gerade den Libyenkrieg hinter sich und sah sich erneut aufbrechenden politischen und sozialen Spannungen ausgesetzt, die bereits seit dem späten 19. Jahrhundert unterschwellig vorhanden waren. Der Volksaufstand von Ancona vom Mai 1914, im Italienischen als „Rote Woche" bezeichnet, war ist ein Sinnbild für diese Situation. Schon im Juli 1914 hatte sich die Situation geändert. Mit dem, Fortschreiten der Konflikte in Europa wuchs auch in Italien das Bedürfnis nach Versammlung. Die Piazza wurde zum sozialen Mittelpunkt. Welche Position sollte Italien in einem Europa einnehmen, das vom Konflikt zwischen dem Dreibund und der Triple Entente zerfressen wird? Zwei Gruppen, Neutralisten und Interventionisten, hatten völlig unterschiedliche Antworten darauf. Die Neutralisten argumentieren, dass Italien sich klar aus dem Konflikt heraushalten müsse, da es keine Konfliktpartei sei und von einer Intervention nichts oder nur sehr wenig zu gewinnen habe. Diese Neutralisten zerfielen grob in drei Kategorien: Giolittianische Liberale; Katholiken und Sozialisten. Sie bildeten die

Mehrheit im Land ab und argumentierten aus unterschiedlichen Motiven gegen eine italienische Beteiligung am Krieg. Die Giolittianer sahen in der Neutralität einen strategischen, die Katholiken einen humanitären und die Sozialisten einen politischen Vorteil für Klassenkampf und gegen die Monarchie. Trotz ihrer zahlenmäßigen Überlegenheit mangelte es den Neutralisten an charismatischen Führern (mit Ausnahme Giolittis) und an Kontrolle über die öffentlichen Plätze, was letztlich einem Scheitern der Anliegen gleichkam. Die Interventionisten spalteten sich ebenfalls in drei Gruppen.

1. Der demokratische Interventionismus, verwurzelt in der Tradition Mazzinis, sah im Kriegseintritt die Vollendung des Risorgimento durch die Befreiung der „versotteten Länder" und die Etablierung eines friedlichen Europas freier Völker.
2. Diese Gruppe um Bissolati, Bonomi und Labriola war zahlenmäßig und in ihrer öffentlichen Präsenz die schwächste.
3. Die revolutionäre Linke, beeinflusst von Denkern wie Blanqui, Proudhon und Sorel, erhoffte sich vom Krieg den revolutionären Funken für den Klassenkampf und befürwortete einen Eintritt Italiens an der Seite der Triple Entente, ungeachtet der Verpflichtungen gegenüber dem Dreibund.

Ihr prominentester Führer war der ehemalige Sozialist Benito Mussolini, der mit französischer Unterstützung seine eigene Zeitung „Il Popolo d'Italia" gründete. Diese Gruppe war die lauteste und ideologisch radikalste unter den Interventionisten. Der Zusammenschluss der Nationalisten war der erste Bund, der den Krieg in Libyen befürworteten, ja, ihn sogar eingefordert hatte. Nun forderten die Nationalisten Italien auf, die Regeln zu respektieren und an der Seite des Dreibundes in den Konflikt einzugreifen, um so die mit Berlin und Wien eingegangenen Verpflichtungen einzuhalten. Als sie jedoch erkannten, dass die öffentliche Meinung entschieden gegen eine Intervention an der Seite Österreich-Deutscher ist, änderten sie ihre Meinung und fordern eine Intervention an der Seite der Triple Entente.

Durch den Krieg wurde der National- und Kampfgeist der Italiener gestärkt und sogar der Auswanderung Einhalt geboten, die zu den demütigsten Erfahrungen zählte. Die Anführer dieser Gruppe waren Enrico Corradini, Augusto Coppola, Luigi Federzoni und die Brüder Rocco. Von den drei interventionistischen Gruppen waren sie am besten organisiert. In den Krieg einzutreten oder neutral zu bleiben ist nicht dasselbe, ebenso wie es nicht dasselbe ist, auf der Seite der Mittelmächte und nicht auf der Seite der Länder des Dreibunds in den Krieg einzutreten. Doch was ist das Interessen Italiens? Wo liegen seine wirklichen Motive, zu handeln oder Handlung zu unterlassen? Zwischen Herbst 1914 und Frühjahr 1915 schien es niemand zu wissen, ebenso wenig wie 25 Jahre später zwischen Herbst 1939 und Sommer 1940.

Es oblag König Viktor Emanuel III., die Entscheidungen für die Zukunft des Landes zu treffen. Ministerpräsident war ab März 1914 der Rechtsliberale Antonio Salandra, dessen Hauptziel darin bestand, die Autorität er Regierung zu stärken, die seiner Ansicht nach durch die Freizügigkeit der Giolitti-Ära zugunsten der Sozialisten und der systemfeindlichen Kräfte erschüttert worden war. Giolitti bleibt jedoch diejenige italienische Führungspersönlichkeit mit der größten Tiefe und Kompetenz sowohl im Bereich der Innen- als auch der Außenpolitik und einer entsprechenden Einordnung im Ausland.

Beobachter glaubten, der König würde auf ihn hören, doch sie lagen falsch: Vittorio Emanuale III. entschied sich für eine Intervention zugunsten der Mächte der Triple Entente. Am 26. April 1915 schickte er Premierminister Salandra und Außenminister Sonnino nach London, um den „Londoner Pakt" zu unterzeichnen, mit dem sich Italien verpflichtete, innerhalb von vierzig Tagen nach Unterzeichnung militärisch in den Krieg gegen Österreich-Ungarn einzugreifen. Dafür lockten im Gegenzug Trient, Triest, Dalmatien und einige Kolonialversprechen in Ostafrika als Kriegsgewinn. Ein psychologisch und materiell unvorbereitetes, tief gespaltenes und von Straßendemonstrationen durchzogenes Land stolperte so am 24. Mai 1915 mit fast einjähriger Verspätung in das Kriegsgeschehen des Ersten Weltkrieges. Eine Tragödie, die das Gesicht des europäischen Kontinents und Italiens nachhaltig veränderte.

Zunächst wurde die Kriegserklärung nur an Österreich-Ungarn übermittelt, was vermutlich auf den Einfluss deutschen Kapitals im Bankensystem des Landes zurückzuführen war, und darauf, dass Deutschland der bevorzugte Markt für italienische Waren war. Nach einem Jahr erklärte Rom unter dem Druck der Briten und Franzosen auch Deutschland den Krieg. Der Erste Weltkrieg war praktisch die erste Bewährungsprobe für den vereinten italienischen Staat, der aus den Kriegen und Ereignissen der zwanzig Jahre zwischen 1848 und 1870 hervorgegangen war. Italien mobilisierte über eine Million Soldaten für den Kampf gegen ähnlich starke österreichisch-ungarische Kräfte entlang einer Front von der Schweiz bis zur Adria. Die Hauptkämpfe konzentrierten sich auf die Isonzo-Front, wo zwölf Schlachten in den Dolomiten, der Hochebene von Asiago und besonders im Karst ausgetragen wurden. Der Krieg zwischen Italien und Österreich-Ungarn entwickelte sich sofort zu einem erbitterten Stellungskrieg in hochalpinem Gelände, ähnlich der Westfront. Die italienische Kriegsmobilisierung war beispiellos und umfasste die vollständige Militarisierung der Industrie inklusive der Einschränkung der gewerkschaftlichen Rechte. Es kam zu Rationierungen in diesen Zeiten des (ersten) „totalen Kriegs". Trotz des Kampfes an nur einer Front (während Österreich-Ungarn auch an der Ostfront kämpfte) blieben die militärischen Erfolge gering. Im Oktober 1917 wurden die erschöpften italienischen Truppen in der zwölften Isonzoschlacht, der Schlacht von Caporetto, von österreichisch-deutschen Truppen überwältigt und mussten sich bis zur Piave-Linie zurückziehen. Erstmals seit 1866 schienen die Errungenschaften des Risorgimento ernsthaft bedroht. In der kritischen Phase nach Caporetto zeigte die italienische Gesellschaft eine unerwartet starke Reaktion der Verteidigung des Landes, auch seiner Werte und Errungenschaften. Der der neue Premierminister Vittorio Emanuele Orlando erwies sich der Situation gewachsen. Der neue Armeechef General Armando Diaz zeigte mehr Verständnis für die Soldaten und mobilisierte die jungen Rekruten des Jahrgangs 1899, deren Einsatz entscheidend war, um den österreichisch-deutschen Vormarsch zu stoppen. Die Front stabilisierte sich am Piave, und die militärische Lage entspannte sich. Die österreichische Offensive im Juni 1918, das sogenannte „Unternehmen Sonnenwende", bestätigte die Stabilität der italienischen Verteidigung. Zwischen dem 24. Oktober und dem 4. November 1918, ein Jahr nach Caporetto, startete die italienische Armee die Offensive von Vittorio Veneto. Der Waffenstillstand von Villa Giusti am 3. November 1918 beendete die Feindseligkeiten mit 650.000 Toten und über eine Million Verwundeter aufseiten Italiens. Italien ging zwar siegreich aus diesem Krieg hervor, doch neue Probleme und Herausforderungen sollten bald die weitere Entwicklung des Landes prägen.

2.3   Das faschistische Italien

Die diplomatische Nachkriegsphase erwies sich für Italien als ebenso hart wie der gerade beendete militärische Konflikt. Der Kriegseintritt der Vereinigten Staaten im April 1917 war ausschlaggebend für den militärischen Sieg der Alliierten an der Westfront im darauffolgenden Jahr. Gleichzeitig eröffnete die bolschewistische Revolution im Herbst 1917 in Russland und das Hochkochen des revolutionären Marxismus-Leninismus einen neuen Akt auf der Bühne der Weltgeschichte. Es wurde der Klassenkampf auf globaler Ebene gepredigt, dessen Verkörperung das revolutionäre Russland sei. Ungeplant und nachhaltig beeinflusste all dies den gesamten Verlauf der Nachkriegsereignisse. Das Prinzip der Selbstbestimmung der Völker war ein grundlegendes Paradigma der Außenpolitik des amerikanischen Präsidenten Woodrow Wilson, die in der Gründung des Völkerbundes gipfelte. Nach diesem Prinzip sollte nicht nur jede nationale Gruppe das Recht auf Selbstbestimmung haben; es wurde auch die Auffassung vertreten, dass alle üblichen Instrumente mechanistischer Politik und der internationalen Diplomatie unzureichend wären. Diese Haltung und die Tatsache, dass die Bolschewiki die Klauseln des

Londoner Pakts öffentlich machten, hatten sofort Einfluss auf die italienischen Erwartungen in Bezug auf Dalmatien und die in Aussicht gestellten kolonialen Entschädigungen in Afrika, die so zunichte gemacht wurden. Der eingefahrene Sieg wurde daher als „verstümmelten Sieg" empfunden. So argumentierte zumindest eine bunt gemischte Strömung von Männern, die bereits zwischen 1914 und 1915 zu den Interventionisten zählten und aufgrund ihres Kriegseinsatzes mit der Psychologie der Veteranen gut vertraut waren. Sie kannten deren Erwartungen, die durch die tatsächlichen Erfolge nach dem Krieg enttäuscht worden waren, und forderten radikale Veränderungen in der politischen Führung des Landes. Die beiden stärksten Persönlichkeiten dieser Strömung waren der Dichter Gabriele d'Annunzio, ein Kriegsheld, und der Journalist und politische Polemiker Benito Mussolini.

Die Gründung der Fasci di Combattimento durch Mussolini im März 1919 in Mailand und der von d'Annunzio im September desselben Jahres vorangetriebene Marsch auf die Stadt Fiume zur Rückeroberung waren Schlüsselmomente. Zunächst schien es, als müsse die Führung der Gruppe zwangsläufig an d'Annunzio übergehen, doch nach und nach übernahm Mussolini die Führung, bis er sich schließlich selbst zum eigenständigen Hauptdarsteller entwickelte. Bei den Wahlen im Herbst 1919, den ersten Wahlen in Italien mit allgemeinem Wahlrecht (auch wenn Frauen weiterhin vom Wahlrecht ausgeschlossen waren), siegten die beiden politischen Strömungen, die sich am stärksten gegen das System stellten: der Sozialistischen Partei mit ihrer marxistischen Ideologie, die mit großer Begeisterung das bolschewistische Experiment in Russland beobachteten, und die dem Papst ergebenen Katholiken, die sich in der neu gegründeten Italienischen Volkspartei zusammengeschlossen hatten.

Das Wahlergebnis nach dem Ersten Weltkrieg schürte die Angst vor einer bolschewistischen Revolution und vor einem geheimen Einfluss des Papstes auf die Politik. Erstere war weit verbreitet, und während Italien 1919–1920 in Gewalt versank, nutzten Mussolinis Kampfgruppen die scheinbare Hilflosigkeit des liberalen Staates aus. Das sogenannte „Rote Biennium" von 1919 und 1920 sah zunächst die Linke in der Offensive mit der Fabrikbesetzung bei Fiat in Turin als Höhepunkt. Eine tatsächliche Revolution blieb jedoch aus. Die zahlenmäßig unterlegenen Faschisten, die militärisch erfahren den Weltkrieg erlebt haben, gingen in der Poebene direkt zum gewaltsamen „Squadrismo" über und zerschlugen sozialistische und katholische Organisationen. Sie waren keine traditionelle Partei, sondern vielmehr eine militarisierte politische Miliz. Während sich das politische Klima links mit der Gründung der Kommunistischen Partei 1921 und rechts mit der Gründung der Nationalfaschistischen Partei 1921 radikalisierte, schienen die Faschisten zunehmend die einzige landesweit organisierte Kraft, die das Land vor dem Bürgerkrieg bewahren konnte. Die Konsequenzen dieser Entwicklung zeigten sich im

Herbst 1922, als der König angesichts des an die Regierung gerichteten Ultimatums beschloss, die Führung der Regierung des Landes Benito Mussolini, dem Führer der nationalen faschistischen Partei, anzuvertrauen. Dagegen regte sich starker Widerspruch. Am 28. Oktober 1922, als sich das liberale Italien auf seinen Abgang vorbereitete, begann in Italien das Experiment des Faschismus, das fast 22 Jahre dauern sollte.

Die Einsetzung Mussolinis als Premierminister anstelle von Luigi Facta am 28. Oktober 1922 war kein plötzliches Ende des liberalen Staates, der aus dem Risorgimento hervorgegangen war, und auch nicht gleichbedeutend mit der Inthronisierung eines faschistischen Staates. Dieser Prozess erstreckte sich vielmehr über einen Zeitraum von vier Jahren, von 1922 bis 1926, und brachte Momente der Schwierigkeiten und Spannungen mit sich, wie etwa das von Entführung und Ermordung des Sozialisten Matteotti durch faschistische Kämpfer mit den entsprechenden politischen Auswirkungen zwischen Juni 1924 und Januar 1925. Nach und nach wurde das pluralistische Parteiensystem zugunsten eines Ein-Parteien-Systems eingeschränkt; gleiches galt für die Freiheit der Presse und der freien Versammlung. Es folgte die Einrichtung von Ad-hoc-Gremien und -gruppen zur Verteidigung des faschistischen Staates und zur Unterdrückung politischer Dissidenten, wie etwa die Freiwilligenmiliz für nationale Sicherheit und das Sondertribunal zur Verteidigung des Staates. Autoritäre und antidemokratische Tendenzen hatte es bereits im Italien des 19. Jahrhunderts unter Francesco Crispi oder Sonnino gegeben. Beim Faschismus hingegen erleben wir eine Bewegung, die energisch und zielstrebig im Einklang mit einem spezifischen Zeitgeist stand und daher die Massen und ihre sozialen Milieus mitreißen konnte, bis sie schließlich zu einer Mehrheit anwuchs und sich zum alleinigen Interpreten des Italien als Nation machte.

Benito Mussolini spielte eine zentrale Rolle in dieser Entwicklung. Seine Zeit als Herausgeber der sozialistischen Zeitung „Avanti" hatte ihm ein außergewöhnliches Gespür für die öffentliche Meinung und politisches Manövrieren verliehen. Mussolini erkannte, dass der Erste Weltkrieg einen Wendepunkt für die italienische Gesellschaft darstellte. Der liberale Staat des Risorgimento war seiner Ansicht nach der Staat eines exklusiven Kreises, dem sich weder Katholiken noch die Arbeiter- und Bauernklasse zugehörig fühlten. Er sah die Notwendigkeit eines neuen Staatsmodells, das die nationale Gemeinschaft erweitern und gleichzeitig eine starke zentrale Kontrolle bewahren würde, um eine Rückkehr zur parlamentarischen Demokratie zu verhindern – etwas, das er mit seiner Rede vom 3. Januar 1925 faktisch beendete. Mussolini war der erste einer Reihe von Diktatoren in Europa zwischen den 1920er- und 1940er-Jahren und diente vielen, insbesondere Adolf Hitler, als Vorbild. Mussolini verfolgte seine Ziele ohne auf die Sympathie und aktive Unterstützung wichtiger Persönlichkeiten des alten liberalen Staates, insbesondere des Königs und der Streitkräfte, verzichten zu müssen. Niemals hätte er sonst seine Position erreichen können. Das liberale Parlamentsmodell war nach Auffassung nicht weniger durch den Ersten Weltkrieg nachhaltig geschwächt und konnte die Bedürfnisse der Bevölkerung nicht mehr erfüllen. Die Erweiterung der Grenzen entsprach von Anfang an den Zielen des Faschismus, wie unter dem Stichwort „Fascismo" der italienischen Enzyklopädie dargelegt wird. In seinem programmatischen Beitrag zur Enciclopedia Italiana definierte Giovanni Gentile den Faschismus als die „aufrichtigste Form der Demokratie" – jedoch in einem radikal elitären Sinn. Demokratie bedeute nicht Mehrheitswille, sondern die moralische und ideelle Führung durch wenige oder einen Einzelnen, der den „wahren" Willen der Nation verkörpere. Das Volk sei keine biologische oder geografische Einheit, sondern ein geistiger Verband, getragen von einem gemeinsamen Willen zur Macht und einem moralisch-politischen Bewusstsein. In dieser Sichtweise stehe die Nation nicht vor dem Staat, sondern werde erst durch ihn. Der Staat wird zur Verkörperung eines „universellen ethischen Willens", der das Recht nicht nur garantiere, sondern hervorbringe. Ein Volk habe nur dann ein Recht auf nationale Unabhängigkeit, wenn es durch einen aktiven politischen Willen – also durch staatliche Organisation – seinen Anspruch realisiere. Damit stehe der Staat über der Nation: Er schaffe sie erst. Gentiles Konzeption des Faschismus bricht radikal mit den liberalnationalen Vorstellungen des 19. Jahrhunderts. Während dort die Nation als historisch gewachsene, kulturelle Einheit verstanden wurde, die den Staat hervorbringe, kehrt Gentile das Verhältnis um: Der Staat ist nicht Folge, sondern Ursprung der Nation. In idealistischer Tradition und stark beeinflusst von Hegels Staatsdenken wird der Staat zum ethischen Organismus, der den „wahren Willen" des Volkes ausdrücke und ihn erst möglich machte.

Um seine Macht zu festigen, kombinierte Mussolini politische Geschicklichkeit mit skrupellosem Kalkül. Mit dem Lateranvertrag von 1929 beendete er die seit dem Risorgimento schwelende „katholische Frage", ein Schritt, der breite Zustimmung in der mehrheitlich katholischen Bevölkerung fand. Sozialpolitisch reagierte das Regime auf die Weltwirtschaftskrise mit massiven staatlichen Eingriffen. Institutionen wie das IRI für Industriebeteiligungen und das INPS für Sozialversicherung entstanden. Öffentliche Bauprojekte, etwa die Trockenlegung der Pontinischen Sümpfe, dienten zugleich wirtschaftlicher Stabilisierung und propagandistischer Selbstdarstellung. Auch außenpolitisch gewann Italien ab den späten 1920er-Jahren an Gewicht. Der Faschismus verwandelte das zuvor als instabil geltende Land in einen scheinbar geordneten Staat, der in der europäischen Diplomatie, besonders im Balkanraum und in Nordafrika zunehmend mitredete. Der „Wiedergewinn" Libyens ab 1929 erfolgte unter Anwendung brutaler Repression.

Zentrales Anliegen des Regimes war die umfassende Kontrolle der Bevölkerung. Organisationen wie die Balilla oder die Dopolavoro strukturierten Kindheit, Jugend und Freizeit nach faschistischen Leitlinien. Kino, Radio und Sport wurden gezielt als Mittel der Massenintegration und Identitätsbildung genutzt. Das waren Strategien, die auch andere autoritäre Regime übernahmen.

Neben propagandistischen Initiativen förderte der Faschismus auch kulturell anspruchsvolle Projekte wie die Gründung der „Enciclopedia Italiana" (Treccani), die nach dem Vorbild der Britannica zu einer bedeutenden europäischen Kulturinstitution des 20. Jahrhunderts wurde. Der Faschismus hatte jedoch auch dunkle Seiten: die Unterdrückung des politischen Pluralismus und der Versammlungs- und Vereinigungsfreiheit, die Vernachlässigung der regionalen Kluft zwischen Nord und Süd und die allgegenwärtige Kontrolle des Staates über das soziale Leben. Die Trockenlegung der Pontinischen Sümpfe schützte zwar Land vor Malaria, erreichte aber das strategische Ziel einer breiten Kleinbauernschaft nicht. Stattdessen begann 1929 eine Krise der italienischen Landwirtschaft, besonders im Süden, mit einem drastischen Preisverfall. Öffentliche Bauvorhaben trugen zur territorialen Einheit bei, lösten aber die grundlegende Armut nicht. Die Sanierung von Stadtzentren verbesserte ungesunde Viertel, führte aber zur Entstehung von Elendsvierteln. Ein wesentliches Merkmal dieser „Errungenschaften" des faschistischen Regimes war es, dass jeder Schritt und jede Maßnahme letztlich einem einzelnen Zweck diente: Der starke Staat sollte überall sein und tief in die italienische Soziogeografie eindringen.

Das Schicksal des faschistischen Italiens entschied sich in der Außen-, nicht in der Innenpolitik. Als totalitäres Regime stand es im Widerspruch zu den parlamentarischen Demokratien Frankreich und Großbritannien, die antifaschistischen Exilanten Zuflucht boten. Dennoch waren die Beziehungen Roms zu London und Paris bis Mitte 1935 gut, denn sie basierten auf Zweckmäßigkeit, nicht auf gemeinsamen Werten. London und Paris schätzten, dass der Faschismus einen kommunistischen Umsturz in Italien verhindert hatte. Die Faschisten wiederum suchten die Gunst dieser Mächte, da ihre Ideologie in Europa isolierend wirkte. Diese Konstellation geriet ab dem 30. Januar 1933 ins Wanken: die Machtübernahme der Nationalsozialisten in Deutschland, dem bevölkerungsreichsten und industriell bedeutendsten Land Westeuropas, machte Italien die Einzigartigkeit des Faschismus streitig. Mussolini war anfangs skeptisch und das Verhältnis zwischen Mussolini und Hitler distanziert. Er stand der deutschen Wiederbewaffnung und der geplanten Annexion Österreichs kritisch gegenüber, da dies die italienische Position schwächen würde. Deutschland als militärische Führungsmacht würde so ein direkter Grenznachbar Italiens werden.

Die Haltung Italiens gegenüber Nazideutschland begann sich in der zweiten Hälfte des Jahres 1935 zu ändern. Die Feindseligkeit Frankreichs und Großbritanniens gegenüber dem von den Faschisten entfesselten Krieg gegen Äthiopien, ein Mitgliedsland des Völkerbundes, mit dem Ziel, das Land zu vernichten, brachte Italien in Europa mit Ausnahme von Nazideutschland die diplomatisch-politische Isolation (Rochat, 2015). Die diplomatischen Beziehungen zu Großbritannien und Frankreich waren beschädigt, doch die kooperativen Beziehungen zu Nazi-Deutschland gewannen, begünstigt durch die natürliche Affinität der beiden Regime, zwischen 1936 und 1937 rasch an Dynamik. Dies begann zunächst mit der gemeinsamen Unterstützung beider Länder für die nationalistische Sache General Francos während des Spanischen Bürgerkriegs, der im Sommer 1936 begann (De Felice, 1995). Ein weiterer Höhepunkt der Kooperation war Mussolinis Staatsbesuch in Deutschland im Jahr 1937. Im darauffolgenden Jahr nahmen die Beziehungen zwischen dem faschistischen Italien und Nazi-Deutschland mit der Annäherung Roms an Berlin eine entscheidende Wendung. Mussolinis Zustimmung zum Anschluss Österreichs im März 1938, Hitlers Besuch in Italien im April und die italienisch-deutsche gemeinsame Leitung der Münchner Sudetenlandkonferenz im September sind die grundlegenden Etappen des Bündnisses, das zwischen Mussolini und Hitler allmählich Gestalt annahm. Dies hatte nicht unerhebliche innenpolitische Folgen, allen voran die Verabschiedung einer umfassenden antijüdischen Gesetzgebung zwischen Juli und November 1939, die sich in ihrer Formulierung ausdrücklich auf die ähnlich lautende Gesetzgebung bezog, die die Nationalsozialisten drei Jahre zuvor in Deutschland eingeführt hatten. Dies alles war Ausdruck einer zunehmenden Radikalisierung des faschistischen Regimes. Im April 1939 schlossen die beiden Länder ein Militärbündnis, den sogenannten Stahlpakt, in dem sie sich verpflichteten, sich im Falle eines Konflikts, in den einer der beiden Verbündeten verwickelt war, gegenseitig zu Hilfe zu kommen. Als Deutschland jedoch im September 1939 Polen angriff und Frankreich und Großbritannien ihm den Krieg erklärten, erklärte Mussolini, der sich der strukturellen Defizite bewusst war, unter denen die italienische Zivil- und Militärgesellschaft auf allen Ebenen litt, seinen Kriegsverzicht. Die Ereignisse des Frühjahrs 1940 in Nord- und Westeuropa ließen Mussolinis Bedenken wenig Raum auf Entfaltung. In der Überzeugung, dass der Krieg nach dem militärischen Zusammenbruch Frankreichs und dem Abzug der britischen Expeditionsstreitkräfte vom europäischen Kontinent kurz vor dem Sieg stehe, beging Mussolini am 10. Juni 1940 den spektakulärsten Fehler seiner gesamten politischen: Italien, das bei der Schuldfrage in Mithaftung ging, erklärte Großbritannien und Frankreich den Krieg und stürzte sich damit, wie schon 25 Jahre zuvor, in einen gewaltigen Albtraum mit dem Namen Zweiter Weltkrieg.

2.4   Italien im Zweiten Weltkrieg

Am 10. Juni 1940 trat das faschistische Italien an der Seite Nazideutschlands in den Zweiten Weltkrieg ein, in einem Europa, das in den vorangegangenen zwei Monaten durch den Blitzkrieg der Wehrmacht hinweggefegt und erschüttert worden war. Sechs Monate später, im Dezember, hat Italien den Krieg militärisch bereits verloren. Mussolini war davon überzeugt, dass er in den Krieg eingetreten sei, um ein paar Dutzend Tote später schon in den Friedensprozess eintreten zu können. Stattdessen stand er nun an der Spitze eines Landes, das weder mental noch materiell auf einen Krieg vorbereitet war. Anders als 1915 gab es kein unerlöstes Land zu befreien, und anders als 1935 gab es kein Reich zu erobern. Beim Angriff auf Frankreich in den Alpen lief es von Anfang an schlecht. Die zahlenmäßig überlegenen italienischen Truppen konnten nicht auf die höchsten Berge Europas vordringen und wurden durch französisches Abwehrfeuer in die Enge getrieben. Nur der zwischenzeitlich zwischen Paris und Berlin geschlossene Friedensschluss ermöglichte den Italienern den Vormarsch. Im Herbst bracht die militärische Kampfbereitschaft Italiens ein. Nach einem ersten Vormarsch in Nordafrika von Libyen in Richtung Ägypten wurden die italienischen Truppen von den Engländern gestoppt. Ende Oktober beschloss Mussolini, Griechenland anzugreifen. Es war eine Katastrophe: Die italienischen Truppen, die auf einen Krieg unter winterlichen Bedingungen völlig unvorbereitet waren, wurden auf albanisches Gebiet zurückgedrängt, das seit 1939 unter italienischer Herrschaft stand.

Italiens Kriegsanstrengungen verliefen weiterhin desaströs. Nach dem Eintritt in den Zweiten Weltkrieg erlitt die italienische Flotte schwere Verluste in Tarent und am Kap Matapan durch britische Angriffe. Gegenoffensiven der Briten führten zum Verlust der italienischen Kolonien in Ostafrika bis Mai 1941 und zu Einbrüchen in Libyen, die nur durch deutsches Eingreifen verhindert werden konnten. Mussolinis Plan eines „parallelen Krieges" erwies sich als Illusion, und Italien wurde zunehmend von Nazideutschland abhängig. Die Kriegserklärung gegen die Sowjetunion und die USA 1941 führte zu weiteren Katastrophen. Italienische Expeditionskorps erlitten schwere Verluste in Russland; italienische Städte waren Ziel alliierter Luftangriffe. In Nordafrika wurden die italienischen Truppen 1942 bei El-Alamein geschlagen und zum Rückzug gezwungen, was zum Verlust Libyens und zur Kapitulation eines Großteils der italienischen Armee in Tunesien im Mai 1943 führte. Am 10. Juli 1943 landeten die Alliierten auf Sizilien und begannen die Invasion des italienischen Festlandes. Angesichts der drohenden Niederlage entzog das faschistische Establishment Mussolini am 25. Juli 1943 das Vertrauen. König Vittorio Emanuele III. ließ Mussolini verhaften und übertrug die

Regierungsführung Pietro Badoglio, der Waffenstillstandsverhandlungen mit den Alliierten aufnahm. Antifaschistische und präfaschistische Kräfte begannen sich zu organisieren. Am 8. September 1943 verkündete Badoglio den Waffenstillstand mit den Alliierten. Die italienische Armee löste sich auf, und die Deutschen besetzten Mittel- und Norditalien, während die Alliierten von Süden vorrückten. Italien wurde erneut, wie in den Napoleonischen Kriegen, zum Schlachtfeld zwischen Deutschland und den Alliierten.

Nach seiner Entlassung aus dem Gefängnis durch die Nationalsozialisten am 10. September 1943 kehrte Mussolini als Duce der Italienischen Sozialrepublik (RSI)[2] ins politische Leben zurück. Es war ein Satellitenstaat Nazi-Deutschlands, der das Gebiet von Turin bis Rom umfasste. Von Rom abwärts wurde das Königreich des Südens unter König Vittorio Emanuele III. errichtet, der auf der Seite der Alliierten stand. In den Gebieten der RSI organisieren sich antifaschistische Gruppen und begannen den Partisanenkampf gegen die Deutschen und ihre Verbündeten, die Faschisten der Italienischen Sozialrepublik. Zwanzig Monate lang fand in Italien ein Bürgerkrieg statt, dem zweiten in seiner Geschichte. Die Deutschen organisierten mit der Komplizenschaft des RSI die Deportation italienischer Juden in das Vernichtungslager Auschwitz. Dies sind die tragischsten Momente in der Geschichte der italienischen Einigung. Im April 1945 gelang es den Alliierten schließlich, die deutsche Frontlinie in der Poebene zu errichten: Die großen Städte Norditaliens wurden eine nach der anderen befreit. Mussolini versuchte, sich durch Flucht in die Schweiz zu retten, wurde jedoch von Männern der Résistance verhaftet und am 28. April 1945 erschossen. Am 30. April 1945 beging Hitler in Berlin Selbstmord. Am 8. Mai endet der Zweite Weltkrieg in Europa. In Italien gab es 500.000 Tote und mehr als drei Millionen Verletzte. Dreißig Prozent der Gebäude im Land existieren nicht mehr. Die Kolonien in Afrika und auf dem Balkan waren verloren, während Hunderttausende Italiener in den Ländern des Nordostens lebten oder innerhalb des italienischen Mutterlandes keine bewohnbare Heimat mehr hatten.

Italien ging aus dem Krieg als Verliererin hervor. Am Ende des Faschismus angekommen, war die italienische Nation viel gespaltener als vorher. Der italienische Staat, der in der öffentlichen Wahrnehmung lange Zeit für die meisten Menschen ein Konstrukt einer Minderheit und für diese Minderheit war, lag am Boden. Ihn moralisch wieder aufzurichten war eine immense Zukunftsaufgabe für alle.

---

[2] RSI = Repubblica Sociale Italiana.

Italien im Wiederaufbau

3

Im Frühjahr 1945, als der Zweite Weltkrieg in Europa zu Ende ging, war Italien ein zerstörtes und besiegtes Land, moralisch und materiell schwer verwundet. Es hatte den Tiefpunkt seiner vereinten Geschichte erreicht. Gespalten und geschlagen galt es für Italien nach dem Zweiten Weltkrieg einen Wiederaufbau zu leisten. Dass diese Notwendigkeit bestand, war angesichts des Desasters offensichtlich, aber keinesfalls einfach. Was endgültig verschwunden schien, war das Gefühl, zur gleichen nationalen Gemeinschaft zu gehören.

3.1 Das republikanische Italien

50.000 Mann hatten seit Oktober 1943 an der Seite der Alliierten gekämpft; rund 250.000 Mann in Partisanenformationen kamen hinzu. Ihnen standen 400.000 in den Gebieten des Sozialrepublik an der Seite Nazi-Deutschlands gegenüber. Zehntausende waren im Ausland als Kriegsgefangene in anglo-amerikanischen Lagern, deutschen Konzentrationslagern und sowjetischen Gulags. Die zivile Infrastruktur des Landes war zu mehr als 30 % zerstört, in manchen Gebieten wie Sizilien und der Toskana lag der Anteil sogar bei weit über 50 % Zerstörung. Der Zweite Weltkrieg und die letzten Züge des faschistischen Regimes haben die ganze Fragilität des nationalen Systems offengelegt, das von Anfang an vorhanden war, aber kontrollierbar schien. Aber die Brüche zeigten sich erneut: die zwischen Nord und Süd, zwischen Stadt und Land, zwischen produktivem Bürgertum und unproduktiven Gebieten und zwischen einer halbfeudalen Aristokratie im Süden und einer maximalistischen und radikalen Bauernbewegung, zwischen einer Arbeiterklasse, die dank der sowjetischen Verbindungen der Kommunistischen Partei ent-

M. Longo Adorno, *Kleine Geschichte des modernen Italien*, essentials, https://doi.org/10.1007/978-3-658-50853-1_3

stand und durch den Krieg überraschend gestärkt wurde, und einer Industrie-
arbeiterklasse, in der große Ängste vorherrschten. Hier drohten eine Radikalisierung wie bei den Fabrikbesetzungen im Jahr 1920. Aus dieser Perspektive schien
Italien im Zweijahreszeitraum 1945–1946 um ein Jahrhundert zurückgefallen
zu sein.

Italien drohte kurzzeitig das Schicksal Deutschlands, d. h. die Zerstückelung,
doch dieser Gedanke wurde verworfen. Das Land war zu schwach, aber strategisch
im Mittelmeer zu wichtig, um nach deutschem Vorbild aufgeteilt zu werden.
Zudem riet das wachsende Misstrauen zwischen den Westmächten und der Sowjetunion von einer Zerstückelung ab, da Italien ohnehin im westlichen Einflussbe-
reich bleiben würde. Die Nachkriegszeit unterschied sich innenpolitisch radikal
von der Vorkriegszeit durch die tiefe Krise der Liberalen und Sozialisten sowie die
zentrale Rolle zweier politischer Kräfte, die dem Risorgimento ablehnend gegenüberstanden und ihre Legitimität außerhalb des italienischen Staates fanden: die
Kommunisten und die Katholiken. Die Gründung der italienischen Sektion der
Komintern 1921 erwies sich für die Kommunisten als Vorteil, dank der Verbindungen zur Sowjetunion, der entscheidenden militärischen Kraft im Sieg über
Nazideutschland. Dies zeigte sich im militärischen Widerstand: Im Juli 1944 war
die Hälfte der 50.000 Partisanen kommunistisch, im März 1945 zwischen 50.000
und 100.000. Der katholische Beitrag zum Widerstand war militärisch geringer,
aber politisch und organisatorisch ebenso bedeutend. Trotz ihrer Gegensätze einte
diese beiden Formationen ihre tiefe Ablehnung der Gründungsprinzipien des geeinten italienischen Staates.

Für die Katholiken blieb im vereinten Italien der ursprüngliche Nachteil bestehen, dass es gegen den Willen des Papstes gegründet worden war. Der Papst seiner-
seits war der Auffassung, die politischen Strukturen seien gegen das Volk errichtet
worden. Dieser Staat war mit dem Faschismus und auf dem Schlachtfeld des Zweiten Weltkrieges geschlagen worden. Die Idee der Nation, die von 1861 bis 1943
den Eckpfeiler der italienischen nationalen Identität gebildet hatte, befand sich
demnach in einer tiefen Krise. Es war daher unvermeidlich und paradox, dass die
Aufgabe, die italienische Nation in den ersten Jahren nach dem Zweiten Weltkrieg
zu retten, den beiden Gruppen zufiel, die dem Nationalstaat so skeptisch gegenüberstanden: Ab Dezember 1945 übernahm die katholische Partei Democrazia
Cristiana (DC) die Führung der Koalitionsregierung. In dieser Regierung waren als
Erbe der Nationalen Befreiungskomitees auch Minister anderer antifaschistischer
Kräfte vertreten, einschließlich der Kommunistischen Partei Italiens (PCI) mit
ihrem prominenten Anführer und Parteisekretär Almiro Togliatti, ein Vertrauter
Stalins, als Justizminister. Am 2. Juni 1946 fanden mit dem Referendum über die
Staatsform als Monarchie oder Republik und die Wahl zur Verfassunggebenden

Versammlung statt, die die neue Verfassung ausarbeiten sollte. Das Referendum ergab eine deutliche Mehrheit für die Republik. Bei den Wahlen zur Verfassunggebenden Versammlung wurde die DC die stärkste Partei, gefolgt von der Sozialistischen Partei Italiens (PSI) und dem PCI. Der PSI erhielt viel Zuspruch aufgrund seiner Rolle in der Arbeiterbewegung und im Antifaschismus und weniger als Ausdruck eines breiten politischen Konsenses jenseits der genannten Punkte. Kleinere Parteien wie der Partito d'Azione (Aktionspartei), der im Widerstand eine Rolle gespielt hatte, lösten sich auf. Sowohl das Referendum als auch die Wahlen am 2. Juni 1946 waren historisch, da erstmals Frauen daran teilnahmen.

Die Zusammenarbeit zwischen den in der Verfassunggebenden Versammlung vertretenen politischen Kräften, vor allem zwischen Katholiken und Kommunisten, zeigte sich bei der Ausarbeitung der Verfassung der neuen Italienischen Republik. Zwei Beispiele helfen, es besser zu erklären: Der Vorsitz der Verfassunggebenden Versammlung wurde dem kommunistischen Parlamentarier Umberto Terracini übertragen. Auch das 1929 vom faschistischen Regime erreichte Konkordat zwischen Staat und katholischer Kirche wurde mit Artikel 7 bestätigt. Beides war durch Absprachen zwischen de Gasperis DC und Togliattis PCI möglich, die aus entgegengesetzten, aber ähnlichen Gründen bestrebt waren, die Katholikenfrage ein für alle Mal von der politischen Aufgabenliste des Landes zu tilgen. Damit widersetzten sie sich sogar dem Willen anderer politischer Akteure, vor allem der Aktionspartei und den Sozialisten, die diese Frage lieber am Leben erhalten hätten, weil sie sich davon politischen Profit erhofften. Die innenpolitische Einigung zwischen den beiden politischen Formationen war ungleich schwerer: der Widerspruch zwischen Washington und Moskau spiegelte sich in der italienischen Innenpolitik wider. So führte das Angebot der USA, Italien als Empfängerin des Marshallplans zu machen, zum Widerspruch des PCI, der auf Geheiß Stalins die Koalition verließ. Der katholische Führer De Gasperi bildete sofort eine neue Regierung ohne die Kommunisten unter Beteiligung jener Sozialdemokraten, die die Sozialistische Partei im März 1947 verlassen hatten. Bei den Parlamentswahlen vom 18. April 1948, den ersten in Italien seit 1924, traten auf der einen Seite die Pro-De-Gasperi-Kräfte an: DC, Sozialdemokraten, Liberale und Republikaner, und auf der anderen Seite die Kommunistische Partei und die Sozialistische Partei gemeinsam unter dem Akronym „Volksfront". Die Wahlen fanden in der Phase des beginnenden Kalten Krieges statt, anderthalb Monate nach der von Stalin orchestrierten Machtübernahme der Kommunisten in der Tschechoslowakei und zweieinhalb Monate vor der Berliner Blockade, die der sowjetische Diktator persönlich als Machtdemonstration gegenüber den Westmächten durchführte. Die Wahlen verzeichneten eine Rekordbeteiligung von fast 93 % und brachten ein klares Ergebnis zugunsten der Christdemokraten, die allein auf fast 49 % kamen. Für Italien, das die physischen und moralischen Ruinen des Zweiten Weltkriegs hinter sich ließ, begann eine neue und herausfordernde Phase seiner Geschichte.

3.2   Opposition und Zivilgesellschaft

Von 1948 bis 1954 beherrschte der sogenannte „Zentrismus" die italienische Politik, eine treffende Bezeichnung für die Regierungsweise von Ministerpräsident Alcide De Gasperi. Nach dem Sieg der DC und ihrer Verbündeten bei den Wahlen im April 1948 regierten die Christdemokraten als führende Kraft einer Koalition mit Liberalen und Sozialdemokraten. Für De Gasperi war 1947 ein entscheidendes Jahr. Im Februar akzeptierte er den Pariser Friedensvertrag, der Italien Istrien, Dalmatien und alle Kolonien in Ostafrika, Nordafrika und der Ägäis kostete. Ende des Jahres reiste er in die USA, um den Marshallplan zu verhandeln und zu unterzeichnen. Nun galt es, die sich bietende Chance zu nutzen, das aus Übersee fließende amerikanische Kapital zu investieren und die durch den Krieg zerstörte Produktionsmaschinerie des Landes wieder in Gang zu bringen. Die Erholung der italienischen Wirtschaft war bemerkenswert. 1945 betrug die Industrieproduktion nur 23 % des Niveaus von 1938. 1949, vier Jahre nach Kriegsende, erreichte sie wieder das Vorkriegsniveau. Das Bruttoinlandsprodukt wuchs von 1950 bis 1955 jährlich um durchschnittlich 5,6 %, die Industrieproduktion sogar um etwa 10 %. Allerdings gab es erhebliche regionale Unterschiede. 1953 betrug das durchschnittliche Pro-Kopf-Einkommen in Mailand 349.000 Lire, im sizilianischen Agrigent nur 66.563 Lire. Die Landwirtschaft in Süditalien und auf den Inseln litt weiterhin unter dem Großgrundbesitz. De Gasperi versuchte, diese Probleme mit Instrumenten wie der „Cassa del Mezzogiorno"[1] nach dem Vorbild von Roosevelts New Deal und der Segni-Reform zur Zerschlagung des Großgrundbesitzes anzugehen. Ab den 1950er-Jahren setzte eine Binnenwanderung aus dem Süden in den Norden ein, die das Land innerhalb eines Jahrzehnts grundlegend veränderte. Ganze Bevölkerungsgruppen zogen aus dem Süden in die Industriezentren des Nordens, um die dortige Entwicklung anzukurbeln und für sich selbst bessere Bedingungen zu schaffen. Parallel zur wirtschaftlichen Erholung erlebte auch der Massenunterhaltungssektor einen Aufschwung.

Große Sportereignisse wie die Fußballmeisterschaft oder das Radrennen Giro d'Italia zogen Millionen von Fans an. Sportberichterstattungen und Unterhalten nahmen explosionsartig zu und leisteten ihren Beitrag gegen den immer noch be-

---

[1] Mezzogiorno, tageszeitlich der Mittag, bezeichnet politisch den armen Süden der italienischen Halbinsel.

trächtlichen Analphabetismus. Mitte der 1950er-Jahre hielt neben dem Radio das TV-Gerät Einzug in die italienischen Haushalte. Das Fernsehen sollte das Leben und die Gewohnheiten der Italiener wie kein anderes verändern und dazu beitragen, ein nationales Leben von Nord nach Süd darzustellen und gewissermaßen auch zu bilden. Auch das italienische Kino erlebte viele große Erfolge. Es war die Ära des Neorealismus, die Italiens Rolle in der Welt wieder erkennbar machte. Innenpolitisch blieb es rau. Einerseits trafen De Gasperis DC und die von ihr geführten Regierungen wichtige Entscheidungen wie den Beitritt zur NATO im Jahr 1949 und den Beitritt zur Europäischen Gemeinschaft für Kohl und Stahl, dem Vorläufer der EWG im Jahr 1951. Andererseits lehnten PCI und PSI die Legitimität der Regierungsmaßnahmen De Gasperis weiterhin ab und betrachteten Stalins Sowjetunion als fortschrittliches Referenzmodell, sowohl auf politischer als auch auf sozioökonomischer Ebene. Ab 1953 begann sich die Gesamtsituation jedoch zu ändern. Der Tod Stalins im März desselben Jahres löste innerhalb der sowjetischen Führung einen langen Prozess des Umdenkens aus, der drei Jahre später, im Jahr 1956 in dem Bericht des neuen starken Mannes im Kreml, Nikita Chruschtschow, gipfelte, den er vom 20. Parteitag der KPdSU absegnen ließ und der die Entstalinisierung einleitete. Die Folgen waren auch für die italienische Politik und katapultierten die Kommunisten und die mit ihren strategisch verbundenen anderen Formationen in eine große Krise. Die Sozialisten unter Pietro Nenni verließen das Bündnis Volksfront mit dem PCI, nachdem Togliatti sich geweigert hatte, die brutale Niederschlagung des Budapester Aufstands durch die Rote Armee im November 1956 zu verurteilen. Er wehrte sich gegen jeden Schritt einer neuen Politik, auch als es zu einem Exodus prominenter Intellektueller kam, der aus Protest gegen die Haltung der Parteiführung stattfand.

Im Jahr 1954 trat De Gasperi als Parteichef der DC und als Ministerpräsident zurück, nachdem er mit seinem Vorstoß einer Reform des Wahlrechts nach dem Mehrheitswahrecht gescheitert war. Ein paar Monate später starb er. Die Führung ging an Männer, die jünger als de Gasperi waren und politisch teils in seiner Tradition standen. Aber sie galten als wesentlich machbezogener: Amintore Fanfani, Giulio Andreotti und Aldo Moro.

Im Sommer 1960 kam es zu einer Regierungskrise in Italien. Die Bildung einer rein christdemokratischen Regierung unter Fernando Tambroni wurde durch die Unterstützung des Movimento Sociale Italiano (MSI) im Parlament ermöglicht. Das MSI war eine Partei, die sich als Erbe der faschistischen Tradition verstand, insbesondere der Italienischen Sozialrepublik. Die Ankündigung, dass das MSI seinen Parteikongress in Genua abhalten würde, einer Stadt mit starker antifaschistischer und Partisanen-Tradition, löste eine Welle gewalttätiger Demonstrationen in ganz Italien aus. Die Proteste erreichten ihren Höhepunkt in Rom, Genua und Reggio Emilia, wo Demonstranten getötet wurden. Diese Ereignisse zeigten, dass die Wunden des Zweiten Weltkriegs und des Bürgerkriegs auch 15 Jahre später noch nicht verheilt waren. Italien erlebte in den späten 1950er-Jahren zwar ein rasantes Wirtschaftswachstum, aber seine politischen Institutionen waren und blieben instabil. Das Mehrheitswahlrecht nach dem Vorschlag von De Gasperi war gescheitert, und das faktische Verhältniswahlrecht führte zu einem Mangel an Autorität und Stabilität. Nach De Gasperi gab es keinen Regierungschef mehr mit der Durchsetzungskraft und einem Konsens, der autonomes Handeln gewährleistete, wie beim deutschen Bundeskanzler. Italien war und blieb von politischer Instabilität geprägt, obwohl die Christdemokraten bis 1981 die meisten Ministerpräsidenten stellten und bis Mitte der 1970er-Jahre die dominierende Partei waren. Nun bot sich innerhalb der DC die Möglichkeit einer neuen strategischen Allianz. Nach dem Bruch des Bündnisses zwischen Kommunisten und Sozialisten entstand die Idee, eine Koalition mit der Sozialistischen Partei Italiens (PSI) einzugehen, um die politische Basis der Regierung zu verbreitern, ähnlich wie es Giolitti getan hatte. Gleichzeitig begann der PSI, seine eigene politische Ausrichtung zu überdenken. Die Partei hatte bei den Wahlen zur Verfassunggebenden Versammlung 115 Sitze gewonnen, war aber bei den Wahlen von 1953 auf 75 Sitze gefallen.

Die Wahl von John F. Kennedy zum US-Präsidenten im November 1960 trug ebenfalls zur Veränderung der politischen Landschaft bei. Die Entspannung der Ost-West-Beziehungen nach dem Treffen zwischen Kennedy und Chruschtschow in Wien im Juni 1961 erleichterte die Annäherung des PSI an die Positionen der NATO und schwächte den Widerstand innerhalb der konservativeren Flügel der DC gegen eine „Linksöffnung". Zu Beginn der 1960er-Jahre begann in Italien so eine neue politische Ära.

3.3   Ökonomischer Wachstum und soziale Spannungen

Zwischen Februar 1962 und November 1963 bildete sich eine Mitte-Links heraus. Die vierte Fanfani-Regierung wurde von den Sozialisten zunächst geduldet.; unter Ministerpräsident Aldo Moro war die Sozialisten jedoch Tei der Regierung mit Pietro Nenni als Vizepräsident. Dieses Arrangement weckte große Erwartungen. In den Jahren 1959 bis 1963 erlebte Italien ein beispielloses Wirtschaftswachstum, der den politischen Erwartungen Recht geben sollte. Doch schon bald wurde deutlich, dass die Realität mit den Erwartungen nicht Schritt hielt. Ab Mitte der 1960er-Jahre geriet das Wachstum ins Stocken – für manche eine normale Entwicklung nach dem Boom, für andere ein Zeichen dafür, dass sich soziale und wirtschaftliche Spannungen bemerkbar machten und zuspitzen konnten. Besonders spürbar war dies durch die massive Abwanderung von Arbeitskräften aus dem strukturschwachen Süden in den industrialisierten Norden, was weite Teile Süditaliens entvölkerte. Gleichzeitig markierte die Politik der Mitte-Links-Regierungen in dieser Phase einen wichtigen Kurswechsel: Innenpolitisch durch soziale Reformen wie die Schulpflicht bis 14 Jahre, was eine Maßnahme gezielt gegen Analphabetismus und Ungleichheit war und zudem zu den bildungspolitischen Errungenschaften des Westens zählte. Auch wurden Maßnahmen zur Begrenzung des Strompreises beschlossen. Außenpolitisch verankerten sich die Sozialisten fest im europäischen und transatlantischen Bündnis. Damit trat Italien endgültig aus dem Schatten seines nationalistischen und imperialistischen Erbes, das bis zum Ende des Faschismus prägend gewesen war.

Die Mitte-Links-Regierung der 1960er-Jahre stand unter starkem Druck – ihre Politik war bei keiner gesellschaftlichen Gruppe wirklich populär. Die nacheinander amtierenden Kabinette bis 1968 wurden von vielen als instabil und wenig überzeugend wahrgenommen. Im produktiven Bürgertum des industrialisierten Nordens galten ihre Entscheidungen als Ergebnis politischer Formelkompromisse, die den Sozialisten zu viele Zugeständnisse machten. Gleichzeitig empfand ein bedeutender Teil der Arbeiterschaft – insbesondere jene, die sich mit dem PSI identifizierten – diese Kompromisse als Verrat an den Grundprinzipien des Klassenkampfes. In den Städten des sogenannten Industriedreiecks (Mailand, Turin, Genua) waren solche Vorwürfe besonders laut.

Auch im Süden herrschte weit verbreitete Unzufriedenheit. Während die traditionelle Rechte aus Großbürgertum und Landadel an Einfluss verlor, fühlte sich die Arbeiterschaft vielfach von der Regierungspolitik im Stich gelassen. Viele sahen sich zur Abwanderung in den Norden gezwungen, wo wirtschaftlich bessere Perspektiven lockten. Wer im Süden blieb, kämpfte oft mit großer Anstrengung darum, nicht zurückzufallen – motiviert durch den Vergleich mit ehemaligen Nachbarn, die im industriellen Norden Karriere gemacht hatten. Die Parlamentswahlen von 1968 spiegelten diese gesamtgesellschaftliche Ernüchterung wider. Weder bei den Christdemokraten noch beim PSI löste das Ergebnis echte Begeisterung aus; es schien vielmehr ein weiterer Beleg für die politische Erschöpfung der Mitte-Links-Koalition zu sein. Die DC konnte ihre Zahl im Parlament leicht von 260 auf 266 Abgeordnete erhöhen, doch besonders stark war die Reaktion der Sozialistischen Partei, die sich zwei Jahre zuvor mit der Sozialdemokratischen Partei fusioniert und so eine Spaltung überwunden hatte. Die Vereinigten Sozialisten entsandten 91 Abgeordnete ins Parlament, das waren ca. 30 weniger als zuvor, wenn man beide sozialistischen Parteien zusammen betrachtet. Die unmittelbare Folge war der sofortige Austritt der Sozialdemokraten, die bis an das Ende ihrer Existenz in Spaltung mit den Sozialisten vereint waren. Auf der linken Seite hingegen konnten die

Kommunisten, die nach dem Tod ihres Parteisekretärs Palmiro Togliatti eines der schwierigsten Jahrzehnte ihrer Geschichte hinter sich hatten, kleine Wahlgewinne verzeichnen. Bei den Wahlen erreichten sie 27 %, was ihnen im Vergleich zu den 25 % von 1963 einen Vorteil verschaffte. Die Partei entsandt elf Abgeordnete mehr im Parlament. Die Mitte-Links-Regierung blieb fest im Sattel, wurde aber von den politischen Ereignissen dieser Zeit über die Maßen herausgefordert: Die Studentenproteste der 1960er-Jahre, die in den Vereinigten Staaten als Reaktion auf das Vietnam-Engagement und zur Unterstützung der Bürgerrechtsbewegung entstanden, fanden allmählich ihren Weg nach Europa. Während die amerikanischen Proteste zwischen 1968 und 1970 ihren Höhepunkt erreichten, verbreiteten sich die entsprechenden politischen Botschaften in Europa und fanden besonders in Frankreich, Deutschland und Italien Anklang bei der jungen Generation. Italien stellte jedoch einen Sonderfall dar. Das Land besaß eine lange Tradition linker Politik, die anfällig für gewalttätige Mobilisierungen war. Von den Mailänder Unruhen 1898 bis zur Roten Woche von Ancona 1914 zeigte sich erneut ein Protest, der unmittelbar sehr gewalttätig und maximalistisch in seiner Dialektik wurde. Diesmal kam eine generationenübergreifende Dimension hinzu, deren Ausmaß weder mit dem Interventionismus des Ersten Weltkriegs noch mit der faschistischen Erfahrung der frühen 1920er-Jahre vergleichbar war. Paradoxerweise beriefen sich die Slogans der extremen Linken, über den Umweg Maos, letztlich auf Stalin, der zuvor in die hintersten Winkel der Geschichtsschreibung verbannt worden war. Die Kommunisten hatten im Widerstand eine zentrale Rolle gespielt, doch der Nachkriegskompromiss mit der Democrazia Cristiana (DC) wurde als Grund für das Scheitern grundlegender Reformbestrebungen der italienischen Linken angesehen.

Neben den wiederauflebenden Konflikten zwischen extrem rechten und radikalen linken Kräften entlud sich die soziale Unruhe besonders in den stark wachsenden Städten wie Mailand und Turin. Die Schwierigkeit der sozialen Integration angesichts des Bevölkerungswachstums verschärfte die Situation zusätzlich. Erstmals in der italienischen Geschichte verband sich die neue Arbeiterfrage mit der studentischen Protestbewegung und wurde vom Mai 1968 in Frankreich inspiriert. Dies löste eine Dynamik aus, die das politische und gesellschaftliche Leben des Landes über ein Jahrzehnt prägen sollte. Ein frühes und deutliches Zeichen dieser Entwicklung war die nahezu flächendeckende Streikbewegung. Zwischen 1970 und 1974 verzeichnete Italien europaweit die höchste Zahl an durch Arbeitskämpfe verlorenen Arbeitstagen. Parallel dazu setzte ab 1970 eine anhaltende Inflation ein, die zum ständigen Begleiter des Alltags wurde. Die gesellschaftliche Stimmung war von Unzufriedenheit und Erschöpfung geprägt, während die Forderungen aus der Industrie und den außerparlamentarischen Bewegungen eine Intensität erreichten, die im übrigen Westeuropa, mit Ausnahme Großbritanniens, kaum vorstellbar war. Trotz dieser angespannten Lage als einer der schwierigsten Phasen in der Geschichte des geeinten Italiens wurden bedeutende Fortschritte erzielt. Mit der Einführung der Regionen im Jahr 1970 begann ein Bruch mit der zentralistischen Tradition des liberalen Staates und des faschistischen Regimes. Im selben Jahr trat das Scheidungsgesetz in Kraft, das 1974 in einem Referendum bestätigt wurde. Diese Errungenschaften stellten wichtige Schritte auf dem Weg zur Modernisierung dar. Radikale Teile der Studenten- und Arbeiterbewegung strebten jedoch mehr als nur solche Reformen an: Ihr Ziel war die direkte Übernahme der politischen Macht. Damit begann eine Phase des politischen Terrors, die das Land von etwa 1974 bis 1985 erschütterte.

Es ist unbestreitbar, dass der Terrorismus in Italien von 1969 bis 1985 auch mit dem internationalen Kontext des Kalten Krieges zusammenhing (von Kempis, 2020, S. 81–104). Die militärische und politische Krise der USA in Vietnam, das Ende der Diktaturen in Spanien und Griechenland, die politischen und wirtschaftlichen Folgen des arabisch-israelischen Konflikts (insbesondere des Jom-Kippur-Kriegs von 1973 mit dem Ölpreisschock), der Putsch in Chile 1973 und die sowjetische Expansion in Asien und Afrika spielten zweifellos eine wichtige Rolle. Dennoch waren die tiefsten und wichtigsten Ursachen des italienischen Terrorismus vor allem innenpolitischer Natur; sie wurzelten in den ungelösten Problemen des Landes nach 1945, wenn nicht sogar schon in den Bedingungen unmittelbar nach dem ersten Weltkrieg. Angesichts der weitverbreiteten Gewalt, die einem Bürgerkrieg nahekam, fanden die Christdemokraten keine wirksamen Lösungen. Gleichzeitig verzeichnete die Kommunistische Partei bei den Kommunalwahlen 1975 und den Parlamentswahlen 1976 einen deutlichen Aufschwung und kam mit fast 35 % der Stimmen zu ihrem besten Ergebnis überhaupt, was im Ausland Zweifel an der Zuverlässigkeit und Stabilität Italiens innerhalb des westlichen Bündnisses aufkommen ließ. Von 1969 bis 1974 ging die größte Bedrohung für die Stabilität des Staates vom rechtsextremen „schwarzen" Terrorismus mit Bezug zur Farbe der faschistischen Uniformen aus, der das Land mit einer Reihe von Überfällen auf Banken und Attentaten auf Plätzen oder in Zügen erschütterte. Viele dieser Anschläge wurden nie vollständig aufgeklärt. Ab 1975 trat dann der linksextreme „rote" Terrorismus in den Vordergrund. Die bedeutendste Gruppe dieser Strömung waren die Roten Brigaden, die von 1975 bis 1985 für einige der schwersten und grausamsten Gewalttaten in der italienischen Geschichte verantwortlich waren, allen voran die Entführung und Ermordung des christdemokratischen Parteivorsitzenden und ehemaligen Ministerpräsidenten Aldo Moro.

In den Jahren 1976 bis 1979 konnte die DC nur dank eines nicht beantragten Misstrauensvotums der Kommunistischen Partei im Parlament regieren. Diese entschied sich für eine Haltung der Zusammenarbeit mit der DC statt Opposition, die

die ohnehin schon prekäre Lage Italiens noch weiter verschlechtert hätte. Die Lage im Land war sowohl aus ordnungspolitischer als auch aus wirtschaftlicher Sicht ernst, da die Inflation die Kaufkraft der Italiener zunehmend untergrub. Allerdings verfügten die Terroristen weder über eine charismatische Führung noch über einen durchführbaren und entschlossenen politischen Plan, und es gelang ihnen nie, ihre Botschaft in klarer und überzeugender Weise einer breiteren Öffentlichkeit zu vermitteln.

Die Bemühungen der italienischen Gesellschaft und Regierung, sich aus diesem erneuten, einem dritten Bürgerkrieg im vereinten Italien zu befreien, waren mühsam und erforderten auch den Einsatz unorthodoxer Methoden wie etwa die Einführung von Belohnungen für Reumütige, vor allem jene, die sich zur Zusammenarbeit mit dem Staat entschlossen hatten. Diese Strategie erwies sich als erfolgreich und zwischen 1982 und 1983 gelang es Italien, die dramatischsten Auswüchse des politisch motivierten Terrorismus zu überwinden. Gleichzeitig ging, ab Herbst 1980, auch die Zeit der scharfen Konflikte in den Fabriken und der unkontrollierten Streiks zu Ende. Damit eröffneten sich dem Land zu Beginn der 80er-Jahre des 20. Jahrhunderts neue Herausforderungen und neue Szenarien.

Italien ist ein gutes Beispiel für ein politikwissenschaftliches Seminar, um die Herausforderungen, Probleme und staatlichen Krisen zu veranschaulichen. Es scheint, als ob Italien in seiner Geschichte als Staat keine Krise ausgelassen hat.

Das neue Italien

4

Italien war in den 1980er-Jahren kein junger Staat mehr, sondern im Gegenteil über hundert Jahre alt. Das Land musste sich aber wie jede politische Ordnung mehrfach neu orientieren oder sogar neu erfinden, nicht zuletzt aufgrund der internationalen Bedingungen. Das ‚Neue' bezog sich sowohl auf strukturelle Veränderungen im Inneren, die nach wie vor an Schwäche litten. Aber auch die massiven politischen Umbrüche zum Ende des Ost-West-Konflikts betrafen Italien stark, ein Land, das jahrzehntelang Politik entlang des Systemkonflikts gemacht hat und dessen innenpolitische Entscheidungen direkt im Zeichen davon standen. Fast die gesamten Parteien und damit das Parteiensystem brachen in der Folge des Mauerfalls zusammen. Wie stark die Spuren des Ost-West-Konflikts sich in Italien innenpolitisch niedergeschlagen haben, zeigte sich also erst gegen Ende der Blockkonfrontation.

4.1 Krise und das Ende der Parteienstaates

Als Italien im Juli 1982 nach 44 Jahren erneut Fußballweltmeister wurde, entlud sich auf den Straßen des Landes eine Begeisterung, die weit über den sportlichen Triumph hinausging. Die kollektive Euphorie spiegelte den tiefen Wunsch wider, ein dunkles Jahrzehnt voller Gewalt, Angst und politischer Unsicherheit hinter sich zu lassen – Jahre, die 1969 mit dem „heißen Herbst" begonnen hatten und das Land bis in die frühen 1980er prägten. Der Sieg wurde so zum Symbol eines ersehnten Neuanfangs, eines Moments der wiedergewonnenen Normalität. Seit dem Zweiten Weltkrieg war das nationale Selbstverständnis Italiens stark erschüttert. Eine kohärente nationale Identität konnte sich kaum entwickeln, da das faschistische Erbe

© Der/die Autor(en), exklusiv lizenziert an Springer Fachmedien Wiesbaden GmbH, ein Teil von Springer Nature 2026
M. Longo Adorno, *Kleine Geschichte des modernen Italien*, essentials,
https://doi.org/10.1007/978-3-658-50853-1_4

37

jede Anschlussfähigkeit an einen traditionellen patriotischen Bezugnahmen unmöglich machte. Stattdessen organisierten sich Zugehörigkeit und kollektives Bewusstsein vor allem über die großen Parteien, die Democrazia Cristiana und die Kommunistische Partei, die ihrerseits ideologisch und institutionell anderweitig geprägt waren: Der Vatikan hier, die Sowjetunion dort. In den 1970er-Jahren übernahmen die Parteien beinahe vollständig die Deutungshoheit über das gesellschaftliche Leben, was die nationale Identität zunehmend zu einer parteipolitischen Angelegenheit werden ließ. Erst mit dem Ende der schweren innenpolitischen Spannungen und der internationalen Entspannung unter Reagan und Gorbatschow geriet auch dieses parteigebundene Identitätsmodell ins Wanken. Damit begann ein Wandel, der die italienische Gesellschaft grundlegend verändern sollte.

Mit dem Verschwinden der „permanenten Mobilisierung", die der Kalte Krieg und der Kampf gegen den Terrorismus erforderten, begannen die Italiener, eine andere Einstellung zum gesellschaftlichen Leben zu entwickeln. Massenversammlungen fanden aus sportlichen Gründen statt. Die nationale Identität festigte sich nicht zuletzt durch den Fußball, der von Nord nach Süd überall Fans hatte, zur Freude der privaten Sender, die sich das Monopol für die meisten Spiele gesichert hatten. Bereits in der ersten Hälfte der 1980er-Jahre fiel das Monopol der öffentlich-rechtlichen Sender. Vor allem im reichen und wirtschaftlich produktiven Norden regte sich zunehmender Unmut über die Parteien, die sich der Kritik zufolge vor allem der öffentlichen Gelder bedienten und korrupt waren, und zudem kriminelle Energie als Mittel zur Erreichung der pekuniären Ziele einsetzten. Gegen die sizilianische Mafia, die sich mit der Migration in anderen Teilen Italiens machtvoll ausbreitete, entstanden langsam erste Zeichen von Gegenstrategien. Mit der Ernennung Giovanni Spadolinis zum Ministerpräsidenten im Jahr 1981 wurde erstmals das seit 1946 bestehende und bis dahin unangetastete Vorrecht der Christdemokraten auf den Vorsitz der Regierung durchbrochen. Auf den Republikaner Spadolini folgte 1983 Bettino Craxi, der erste Sozialist an der Spitze der italienischen Republik, der bis 1987 eine stabile Amtszeit führte, ein Novum in der politisch oft brüchigen Nachkriegsgeschichte Italiens. Während die Christdemokraten weiterhin das Zentrum der Regierung bildete, zeichnete sich am linken Rand eine tektonische Verschiebung ab: Der PCI, über Jahrzehnte dominante Kraft der Opposition, verlor zusehends an Rückhalt. Wirtschaftlich zeigte sich die zweite Hälfte der 1980er-Jahre als Phase moderater Erholung: Das Bruttoinlandsprodukt wuchs verlässlich, wenn auch nicht mit der Wucht des Nachkriegsbooms. Dennoch blieb das gesellschaftliche Klima von Skepsis und einem diffusen Gefühl der Desillusionierung geprägt. Dies stand im Kontrast zu den euphorischen Aufbaujahren. Der eigentliche Wendepunkt kündigte sich zwischen 1989 und 1992 an. Wie so oft in der italienischen Geschichte war es ein Zusammenspiel innerer Erschütterungen und externer Umwälzungen, die den politischen und institutionellen Wandel in Gang setzte: Zwischen 1989 und 1991 ging der Kalte Krieg, der die Welt über vierzig Jahre lang in zwei Blöcke gespalten hatte, rasch zu Ende. Im Herbst 1989 fiel die Berliner Mauer, ein physisches Symbol der Teilung Europas. Während die DDR zerfiel, erlangten auch die Tschechoslowakei, Bulgarien und Rumänien ihre politische Autonomie zurück, indem sie sich von den kommunistischen Regimen befreiten. Polen und Ungarn spielten eine Vorreiterrolle und hatten schon 1987 bzw. 1988 den kommunistischen Parteien das Wasser abgegraben. In Italien war die unmittelbare Folge zuerst die Umbenennung der Kommunistischen Partei Italiens in Demokratische Partei der Linken (PDS).

Die deutsche Wiedervereinigung im Jahr 1990 brachte einen radikalen Wandel in Europa mit sich und beschleunigte den Prozess der politischen und wirtschaftlichen Integration der Mitgliedsländer der Europäischen Wirtschaftsgemeinschaft (EWG), die sich auf die Gründung der Europäischen Union (EU) vorbereitete. Im Jahr 1991 endete die Existenz der Sowjetunion nach 74 Jahren. Obwohl die Italiener sich bewusst waren, in einem historischen Moment zu leben, waren sie wegen der schwerwiegenden Kriminalität im eigenen Land sehr beunruhigt. Auf Sizilien hatten die von der Mafia verübten Attentate inzwischen kriegsähnliche Ausmaße angenommen und übertraf damit sogar die Zeiten des terroristischen Notstands, den die nördlichen Regionen des Landes in den 70er-Jahren erlebt hatten. Das schlimmste Jahr in dieser Hinsicht war 1992 mit zwei blutigen Attentaten auf Sizilien, bei denen zwei Richter ums Leben kamen, die sich im Kampf gegen die Mafia am meisten verdient gemacht hatten: Giovanni Falcone und Paolo Borsellino. Gleichzeitig kam es bei den Parlamentswahlen von 1992 zu einer deutlichen Schwächung der traditionellen Parteien zugunsten neuer Formationen, die sich im leistungsorientierten Norden, vor allem in der Lombardei, formiert hatten und die sich von den traditionellen Parteien DC und PSI nicht mehr vertreten fühlten. Anfang 1992 löste eine „kleine Untersuchung" des Mailänder Gerichts zur Buchhaltung eines Altenheims eine juristische Lawine aus, die den Namen „Mani Pulite" trug. Die Ermittlungen des Mailänder Gerichts brachten ein riesiges Korruptionssystem zutage, auf dem das politische System Italiens seit Ende der siebziger Jahre basierte. Dies alles ging einer mit einer starken Abwertung der Lira und dem verzweifelten Versuch wirtschaftlicher Intervention der Amato-Regierung, mit der versucht wurde, die wirtschaftliche Stabilität des Landes zu sichern.

Das Ergebnis war das Ende des traditionellen Parteiensystems durch den Zusammenbruch aller traditioneller politischen Parteien, die im Nachkriegsitalien ab 1946 aktiv gewesen waren. Sie alle, einschließlich DC, änderten ihren Namen und lösten sich zwischen 1992 und 1994 auf, mit Ausnahme der bereits erwähnten ehemaligen Kommunisten (PDS) und der Neofaschisten des MSI. In der Zwischenzeit warten jedoch die neuen politischen Akteure, die bereit waren, die Bühne zu betreten. Eine neue Phase in der italienischen Politikgeschichte begann.

4.2   Eine neue Art politischer Identität

Von 1861 bis 1992 besaßen alle Regierungen, die an der Spitze Italiens aufeinander folgten und davon jede mit ihren eigenen Spezifika eine weitgehend klare und eindeutige politische Identität. Dies galt für die Liberalen, für die Faschisten und in der Nachkriegszeit für die Katholiken der Christdemokraten sowie für alle im Parlament des Landes vertretenen politischen Kräfte, die jeweils großen Parteienfamilien angehörten und die das Europa des 20. Jahrhunderts geprägt hatten. Der Auftritt Silvio Berlusconis, eines Bauunternehmers und Magnaten des privaten Fernsehens, änderte dieses Paradigma radikal und leitete einen Trend ein, der in den folgenden Jahren und Jahrzehnten sowohl in Europa als auch in den Vereinigten Staaten viele Anhänger finden sollte. Die von ihm gegründete Partei „Forza Italia" bezog sich zwar allgemein auf den Liberalismus, hatte aber theoretisch kaum Berührungspunkte mit der historischen Tradition des italienischen Regierungsliberalismus von Giolitti bis Einaudi. Die Vorbilder, sofern es welche gab, stammten vielmehr aus dem angelsächsischen Raum der 1980er-Jahre, für die Ronald Reagan und Margaret Thatcher als Bezugspunkte dienten. Allerdings ist auch dies nur bedingt richtig, da Forza Italia im Wesentlichen aus Berlusconi und nur aus Berlusconi bestand. Berlusconis Persönlichkeit war in ihrer Einfachheit komplex. Seine Geschichte als erfolgreicher Unternehmer in einem Land, in dem Individualismus von Faschisten ebenso wie von Katholiken und Kommunisten stets mit großem Misstrauen betrachtet wurde, rief große Bewunderung und aufrichtige Anteilnahme hervor, das Berlusconi wie kaum ein anderer in der italienischen Politikgeschichte zu wecken verstand. Wenn wir dazu noch die Kommunikationsfähigkeiten des Fernsehunternehmers Berlusconi und des Präsidenten und Eigentümers des stärksten italienischen und europäischen Fußballvereins, des AC Mailand, hinzurechnen, ist es leicht zu verstehen, warum man eine ganze politische Ära von 1994 bis 2011 als die Ära Berlusconi bezeichnen kann. Seine politische Orientierung und Identität war einzigartig. Als erstes Resultat provozierte er die Überwindung des Tabus, keine sich am Faschismus orientierende Parteien in die Regierung aufzunehmen. Silvio Berlusconi durchbrach dieses Tabu 1994, als er die Alleanza Nazionale (AN), die direkte Nachfolgepartei der neofaschistischen MSI in seine Regierungskoalition aufnahm (Koalition „Polo delle Libertà"). Damit fiel de facto die „pregiudiziale antifascista", was am ehesten mit „antifaschistische Maßgabe" übersetzt wird. Zum ersten Mal wurde eine Partei, die ihre Wurzeln offen im Erbe Mussolinis sah, Teil einer italienischen Regierung. Der Eintritt der Alleanza Nazionale in die Regierung, die 1995 unter diesem Namen firmierte, sorgte innerhalb und außerhalb Italiens für großes Aufsehen. Die innenpolitische Dialektik vom Ende der siebziger Jahre, also der Zeit des politischen Terrorismus, flammte wieder auf, wie es in der jüngeren politischen Geschichte des Landes noch nicht geschehen war. Einerseits gab Berlusconi selbst den Grund dafür an, indem er alle seine Gegner als Kommunisten bezeichnete. Damit zielte er gegen die Neugründung der ehemaligen kommunistischen Partei, die nicht zuletzt eine namentliche Neugründung darstellte. Zunächst als Demokratische Linkspartei bezeichnet, streifte sie das links nun ab und wurde zur Demokratischen Partei (Partito Democratico). Alle stritten miteinander und formulierten Einlassungen und Gegeneinlassungen. Es war wohl nicht zuletzt Berlusconis Persönlichkeit, die zu einem konstitutiven und strukturellen Element der italienischen Gesellschaft wurde. Anders als andere politische Führer Italiens der Vergangenheit, wie etwa Giolitti, Mussolini, de Gasperi oder Craxi, die sich dem Volk überlegen und über ihm stehend sehen empfanden und auch so wahrgenommen werden wollten, demonstrierte Berlusconi immer wieder seine Zugehörigkeit zum einfachen Volk, für das er ja schließlich auch Fernsehen produziert hatte. Er liebte es sogar, sich selbst als einen einfachen Menschen zu definieren, der es zu etwas gebracht hatte. Politisch erfuhren während der Berlusconi-Ära einige Gründungsmythen Rückschläge, nicht zuletzt die Erzählung, dass dieses Italien ein Produkt des Partisanenkampfes gewesen sei.

Das Ende der alten Parteienlandschaft, das seit 1946 bestanden hatte, wurde also eingeläutet. Die Christdemokraten, die lange Zeit die dominierende Kraft gewesen waren, verloren an Bedeutung. Es kam parallel dazu zum Aufstieg neuer politischer Kräfte: Parteien wie die Nationale Allianz oder korrekter die Alleanza Nazionale gewannen an Einfluss. Die Lega Nord forderte nachdrücklich die Abspaltung der wirtschaftlich starken Regionen Norditaliens und stellte damit die Idee eines geeinten italienischen Staates in Frage. Das war eine ernste Herausforderung für die nationale Einheit und belastet die mühsam aufgebaute italienische Identität schwer. Zusätzlich zu diesen politischen Veränderungen sah sich Italien mit weiteren Herausforderungen konfrontiert, die sich aus den regionalen Unterschieden ergaben: Trotz des technologischen Fortschritts blieben die kulturellen Unterschiede zwischen den verschiedenen Regionen Italiens groß. Hinzu kam der „Brain Drain" mit einer verstärkten Auswanderung junger, hochqualifizierter Menschen, die in anderen Ländern bessere Chancen sahen.

4.3   Italien zwischen Krisen und Chancen

Silvio Berlusconi stand in drei Phasen an der Spitze der italienischen Regierung:
von 1994 bis 1996, von 2001 bis 2006 und erneut von 2009 bis 2011. In diesen Jahren traten alte strukturelle Probleme zutage, die sich mit neuen politischen und
gesellschaftlichen Herausforderungen verbanden. Innenpolitisch verzeichnete Italien Fortschritte im Kampf gegen die Mafia, deren Einfluss seit den späten 1980er-
Jahren als ernsthafte Bedrohung für den Staat galt. Zugleich trieb die Regierungs-
beteiligung der Lega Nord eine weitreichende Dezentralisierung voran. Forderungen nach einer Abspaltung Norditaliens, wie sie in Teilen der Lega laut wurden,
setzten sich jedoch nicht durch. Europapolitisch zeigte sich Italien engagiert in der
Vorbereitung der gemeinsamen Währung – nicht zuletzt als Reaktion auf die wirt-
schaftspolitischen Erschütterungen infolge des „Amato-Sparpakets" von 1992.
Trotz parteipolitischer Differenzen unterstützten sowohl Berlusconi als auch sein
Gegenspieler Romano Prodi die Einführung des Euro, der 2001 die Lira als offi-
zielles Zahlungsmittel ablöste.

In außenpolitischer Hinsicht begegnete Italien den Krisen der 1990er-Jahre mit
dem Bürgerkrieg im ehemaligen Jugoslawien, in Algerien und dem russisch-
tschetschenischen-Krieg sowie in den 2010er-Jahren mit dem Attentat des 11. September 2001 in New York und Washington, der amerikanischen Intervention im
Irak, dem arabisch-israelischen Konflikt und der NATO-Osterweiterung in voller
Übereinstimmung mit den politischen Entscheidungen der USA, wie man es seit
der Zeit De Gasperis nicht mehr erlebt hatte. Gleichzeitig wurde darauf geachtet,
weder Putins Russland noch China übermäßig zu verärgern, das sich Anfang der
2000er-Jahre anschickte, den USA die Rolle als die weltweit führende Industriena-
tion streitig zu machen. Das Land war jedoch nicht in der Lage, seine Chancen voll
zu nutzen, die sich ihm durch die Rolle als Brücke zwischen Washington und der
Europäischen Union boten.

Italien durchlebte auch weiterhin schwere Krisen: Im Jahr 2008 erreichte die
mit der US-Immobilienkrise durch eine Kettenreaktion rasch auch Europa. Einige
Volkswirtshaften gerieten so an den Rand ihrer Widerstandsfähigkeit. Sogar das
Schreckgespenst der großen Wall-Street-Krise von 1929 wurde heraufbeschworen.
Die im Zuge der Krise aufgekommenen Spekulationen zielten auf die Staatsverschuldung einzelner europäischer Länder. Italien, das seit Ende der siebziger Jahre
des zwanzigsten Jahrhunderts unter der Last der Staatsverschuldung litt, war eines
der am stärksten von Spekulationen betroffenen Länder. Das Ergebnis war der
Sturz der dritten Regierung Berlusconi im Herbst 2011 und damit das Ende seiner
politischen Aktivität als Regierungschef. Das Problem der Schulden konnte erst

2014 dank des entschlossenen Handelns des Präsidenten der Europäischen Zentralbank angegangen und gelöst werden. Die Rede ist vom Italiener Mario Draghi, der die massiven Käufe italienischer Staatsanleihen durch die EZB unterstützte. Gleichzeitig veränderte sich auch die Wahrnehmung der Europäischen Union in Italien grundlegend: Von einem sicheren Hafen und einer epochalen Chance wurde sie in den 2010er-Jahren zu einer ständigen Quelle von Problemen und Belastungen und wurde mancherorts sogar als ein Gefängnis empfunden und nicht als sicherer Ort.

Italien blieb in den geopolitischen Krisen der 2010er-Jahre weitgehend passiv, im Gegensatz zu Ländern wie Frankreich, Großbritannien oder mitunter auch Deutschland. Vom Sturz des Gaddafi-Regimes in Libyen 2011 über den Arabischen Frühling, den syrischen Bürgerkrieg, die russische Annexion der Krim, die Offensive des IS bis hin zu den großen Migrationsbewegungen nach Europa agierten die verschiedenen italienischen Regierungen unter der Führung der Partito Democratico (PD) zögerlich und profillos. Während außenpolitisch Zurückhaltung herrschte, wuchsen im Inneren populistische Bewegungen heran, die von konkreten sozialen und wirtschaftlichen Missständen ausgehend eine grundlegende Neuordnung des Staates forderten. Diese zweite Phase des italienischen Populismus nach den 1990er-Jahren wurde maßgeblich von drei politischen Kräften getragen: der Lega, den Fratelli d'Italia als Nachfolgeformation der Alleanza Nazionale sowie der „Fünf-Sterne-Bewegung" Movimento 5 Stelle, die ursprünglich aus dem Online-Blog des ehemaligen Komikers Beppe Grillo hervorgegangen war. Nachdem die „Cinque Stelle" bereits 2013 bei den Parlamentswahlen überraschende Erfolge erzielt hatten, gelang ihnen 2018 der endgültige Durchbruch. In der Folge bildeten sie eine Koalitionsregierung mit der Lega, angeführt von Giuseppe Conte.

Ende 2019 traf die aus China stammende Covid-19-Pandemie Europa mit voller Wucht. Italien wurde als erstes Land des Kontinents getroffen, und dies besonders hart. Die Regierung Conte sah sich mit einer historischen Ausnahmesituation konfrontiert und versuchte mit drastischen Maßnahmen, die Ausbreitung des Virus einzudämmen. Dennoch stieg die Zahl der Todesopfer in den Jahren 2020 und 2021 auf ein erschreckendes Niveau, besonders im Norden. Die dort gelegenen wirtschaftlich stärksten Gebiete Italiens mit eng geknüpften globalen Handels- und Lieferketten erwiesen sich als besonders anfällig für die rasche Verbreitung des Virus. Bei den Wahlen von 2022 nach der Covid-Notstandsphase errang die Mitterechts-Koalition unter Führung der Parteichefin der Fratelli d'Italia, Giorgia Meloni, einen klaren Erfolg. Meloni war damit die erste Frau, die in Italien die Regierung übernahm. Die ersten beiden Jahre der Regierung Meloni waren stark von den außenpolitischen Dynamiken geprägt, die Europa und die Welt zwischen 2022 und 2024 erfassten: der Russisch-Ukrainische Krieg als Folge der massiven Aggression, die Putins Russland im Februar 2022 gegen die Ukraine begann, und der Krieg im Nahen Osten, der mit der Aggression der Hamas gegen Israel am 7. Oktober 2023 begann und die Region zwischen 2023 und 2024 schockierte. In all diesen Szenarien war die Rolle Italiens nicht besonders bedeutend. Das Land stand allerdings hinter der Politik der Europäischen Union, während innenpolitisch das Vorgehen der Regierung vom harten Kampf gegen die Einwanderung und eine allgemeine Straffung der Haushaltspolitik gekennzeichnet war. Ob diese Maßnahmen, so klein sie auch sein mögen, Auswirkungen auf die Zukunft haben werden, werden wir erst später wissen.

Was Sie aus diesem *essentials* mitnehmen

- Eine kompakte Übersicht der italienischen Geschichte vom Risorgimento bis in die Gegenwart
- Die Spannungsfelder zwischen nationaler Einheit und innerer Fragmentierung
- Die politische, gesellschaftliche und wirtschaftliche Entwicklung Italiens im europäischen Kontext
- Die Erkenntnis, dass Italiens Innenpolitik nach dem 2. Weltkrieg bis Ende der 1980er-Jahre stark vom Kalten Krieg bestimmt war und wie sich dies äußerte
- Ein besseres Verständnis über die Gründe der Erosion des alten Parteiensystems

© Der/die Herausgeber bzw. der/die Autor(en), exklusiv lizenziert an Springer Fachmedien Wiesbaden GmbH, ein Teil von Springer Nature 2026
M. Longo Adorno, *Kleine Geschichte des modernen Italien*, essentials,
https://doi.org/10.1007/978-3-658-50853-1

Zusammenfassung

Nach der Einigung Italiens war der junge Nationalstaat mit tiefgreifenden inneren Spannungen und außenpolitischen Unsicherheiten konfrontiert. Um seine Position in Europa zu festigen, versuchte Italien einerseits die industrielle Entwicklung – vor allem im Norden – zu beschleunigen, andererseits politische Gegner wie Sozialisten und Katholiken politisch zu neutralisieren. Unter Giolitti gelang es besser als zuvor, Stabilität herzustellen, doch der Krieg gegen das Osmanische Reich (1911–1912) und die Besetzung Libyens schürten nationalistische Strömungen, die später das Land in den Ersten Weltkrieg führten. Die Nachkriegszeit war von wirtschaftlicher Not, politischer Gewalt und Enttäuschung über ausgebliebene territoriale Gewinne geprägt. In diesem Klima gewann der Faschismus unter Mussolini zunehmend an Unterstützung, besonders unter den Heimkehrern des Kriegs. Die Bewegung etablierte sich rasch als militante Mischung aus Partei und Miliz und kam 1922 an die Macht. Zwischen 1925 und 1926 wandelte Mussolini Italien in eine Diktatur um; ab 1929 stabilisierte das Regime seine Macht durch den Lateranvertrag mit der Kirche. Diese Jahre galten als Phase des Konsenses. Außenpolitisch isolierte Mussolinis Krieg gegen Äthiopien (1935) das Land, was zur Annäherung an Hitler-Deutschland führte. Mit dem „Stahlpakt" von 1939 war Italien endgültig in das Bündnissystem des Dritten Reichs eingebunden. Der Eintritt in den Zweiten Weltkrieg brachte militärische Niederlagen und machte Italien abhängig von Deutschland. Nach Mussolinis Sturz 1943 zerfiel das Land in zwei Hälften: eine faschistische Nordhälfte unter deutscher Besatzung, eine Südseite unter alliierter Kontrolle.

© Der/die Herausgeber bzw. der/die Autor(en), exklusiv lizenziert an   47
Springer Fachmedien Wiesbaden GmbH, ein Teil von Springer Nature 2026
M. Longo Adorno, *Kleine Geschichte des modernen Italien*, essentials,
https://doi.org/10.1007/978-3-658-50853-1

Nach Kriegsende war Italien politisch und wirtschaftlich erschöpft. Mit dem Referendum von 1946 wurde die Monarchie abgeschafft, Italien wurde Republik. Die Democrazia Cristiana unter De Gasperi prägte die Nachkriegsordnung, gestützt durch den Marshallplan und im Kontext des Kalten Kriegs. In den 1950er- und 60er-Jahren erlebte Italien dann ein Wirtschaftswunder, das jedoch neue soziale Ungleichgewichte hervorrief, etwa durch Landflucht und Massenmigration in den Norden. Die 1970er-Jahre brachten politische Polarisierung und extremistische Gewalt, während in den 1980ern das Parteiensystem zu erodieren begann. Korruption und politische Skandale führten Anfang der 1990er zum Zusammenbruch der traditionellen Parteien. Der Aufstieg Berlusconis und populistischer Bewegungen markierte den Beginn einer neuen politischen Phase. Italien wandelte sich von einem pro-europäischen zu einem stark euroskeptischen Land, dessen politische Stabilität immer wieder ins Wanken zu geraten scheint, zuletzt durch Pandemien, wirtschaftliche Unsicherheiten und internationale Krisen.

Literatur

Banti, Alberto Mario. 2011. Sublime madre nostra. La Nazione italiana dal Risorgimento al fascismo. Roma-Bari: Laterza

Chabod, Federico. 1951. Storia della politica estera Italiana dal 1870 al 1896. Vol 1. Le premesse. Roma, Bari: Laterza.

Crispi, Francesco. 1914. La prima Guerra d'Africa. Milano: Fratelli Treves Editori.

De Amicis, Edmondo. 2015. Cuore. 7° edizione. Milano: Universale Economica. I Classici

De Felice, Renzo. 1995. Mussolini il fascista. La conquista del potere. 1921–1925. Torino: Einaudi

Günther, Franz, 1975. Staatsverfassungen, Ausgaben 1950+1975. Die europäischen Verfassungen seit dem Jahre 1789. 2. Band, Karl Heinrich Ludwig Pölitz (Hrsg.), F. A. Brockhaus

L' inchiesta in Sicilia di Franchetti e Sonnino. La Sicilia nel 1876. Palermo: Kalos. 2004

Manzoni, Alessandro (1997). Adelchi. Torino: Einaudi

Manzoni, Alessandro. 1995. I promessi sposi. Bologna: Zanichelli

Milza, Pierre. 2013. Garibaldi. Milano: Longanesi Milano

Mola, Aldo A. 1994. Storia della massoneria in Italia. Dalle origini ai giorni nostri, Milano: Pompiani

Rochat, Giorgio. 2005. Le guerre italiane 1935–1943. Dall'Impero d'Etiopia alla disfatta. 1935–1943. Torino: Einaudi

Romano, Sergio: Storia d'Italia dal Risorgimento ai giorni nostri, Milano: TEA

Romeo, Rosario. 2014. Cavour e il suo tempo. Roma-Bari: Laterza

Von Kempis. 2020. „Das lange 68". italiens Blick auf die Protestbewegung vor vierzig Jahren. Konrad-Adrenauer-Stiftung kas.de, S. 81–104

© Der/die Herausgeber bzw. der/die Autor(en), exklusiv lizenziert an Springer Fachmedien Wiesbaden GmbH, ein Teil von Springer Nature 2026
M. Longo Adorno, *Kleine Geschichte des modernen Italien*, essentials,
https://doi.org/10.1007/978-3-658-50853-1

If you have any concerns about our products,
you can contact us on
ProductSafety@springernature.com

In case Publisher is established outside the EU,
the EU authorized representative is:
**Springer Nature Customer Service Center GmbH
Europaplatz 3, 69115 Heidelberg, Germany**

Printed by Libri Plureos GmbH
in Hamburg, Germany